KB263821

기도를 시작하는 당신에게

기도를 시작하는 당신에게

초판 1쇄 발행 / 2016년 8월 13일
재조판 1쇄 발행 / 2025년 10월 30일

지은이 / 강 산
펴낸이 / 신은철
펴낸곳 / 좋은씨앗
출판등록 / 제4-385호(1999. 12. 21)
주소 / 서울시 서초구 바우뫼로 156(MJ 빌딩), 402호
주문전화 / (02)2057-3041 주문팩스 / (02)2057-3042

www.facebook.com/goodseedbook

ISBN 978-89-5874-426-9   04230

기도를 시작하는 당신에게

추천의 글

＊
＊＊

영적 생활에 있어 기도는 언제나 '덜 익은 과일' 같지만, 덜 익은 과일 같은 기도를 먹어야 우리는 생명을 누리며 살아간다. 폭풍이 지나간 뒤에 찾아오는 고요함처럼 기도에 대한 강산 목사님의 담담한 고백과 깨달음은 과하지도 모자라지도 않게 '기도'를 우리에게 가르쳐 준다. 삶이 묻어나는 이야기 속에 경험한 기적들을 살짝 드러낼 수도 있지만, 호흡이 사람을 살리듯 기도에 집중하려고 '기도'의 본질을 드러내려고 애를 쓴다. 고백은 있으나 스스로 숨쉬기를 주저하는 거듭난 모든 이들에게 이 책을 권한다.

김병년_ 다드림교회 담임목사, 『난 당신이 좋아』 저자가뭄을 적시는 보슬비처럼 오랜만에 우리의 갈한 영혼을 적셔 줄 기도에 관한 책이 나왔다. 하나님의 기도학교에서 강하게 연단된 인물의 기도서라고나 할까. 인생의 고난과 아픔, 깊이 있는 말씀 묵상, 낙타 무릎 같은 기도의 밤을 지나온 영혼만이 고백할 수 있는 영성의 세계가 독자들에게 기도의 깊은 골방을 사모하는 마음을 더해 준다. 성공주의와 인본주의, 대중의 욕구만을 자극하는 기도서들이 참된 경건을 비웃는 이 시대에 이 책은 참된 기도의 정신이 어디에 있는지 바르게 지목하고 있다. 이 시대의 필독서로 매우 기쁘게 추천한다.

배본철_ 성결대학교 명예교수, '성령의 삶 코스' 대표

차례

추천의 글 • 4

기도 이야기의 문을 열며 • 9

＊

왜 기도해야 할까요? • 19

왜 기도하지 않을까요? • 33

기도할 때 어떤 일과 능력이 생길까요? • 41

어떻게 기도해야 할까요? • 59

무엇을 기도해야 할까요? • 75

마지막 조언들 • 89

＊

기도 이야기를 마치며 • 95

더 깊은 기도를 위한 추천도서 • 101

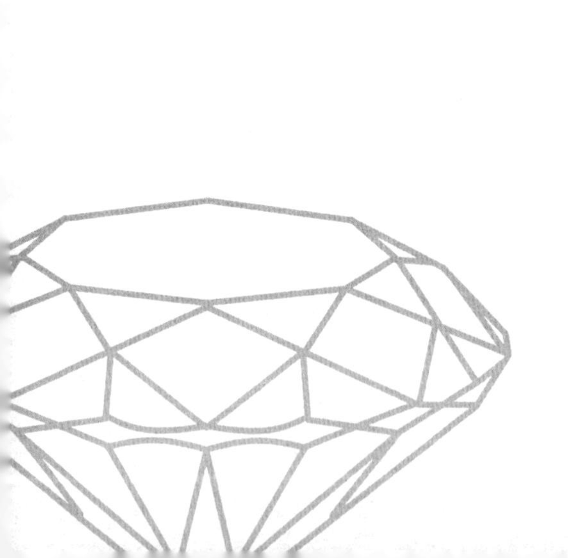

기도 이야기의 문을 열며

******

민철이!

　사람 이름을 지독히도 잘 못 외우는 제가, 30년이 지나도록 기억하는 이름 하나가 있으니, 바로 '민철'입니다. 안타깝게도 성은 정확하게 기억나지 않지만, 제 옆자리에 앉았던 그 친구 이름은 분명히 민철이었습니다.

　목회하시는 아버지를 따라 수없이 이사를 하고 전학을 가다 보니 학교 이름도 정확하게 모르겠고 몇 학년 때였는지도 모르겠습니다. 아마도 초등학교 4학년이나 5학년 즈음으로 생각됩니다. 그때 저는 부모님을 따라 또다시 이사를 했고, 어느 시골 동네의 작은 학교로 전학을 갔습니다. 한 학년에 한 반밖에 없고, 한 반에 30명 정도 모인 그 작은 초등학교에는 시골 아이들의 순수함만 들꽃처럼 피어 있을 것 같았습니다. 하지만 실상은 그렇지 않았습니다. 에덴동산 같은 그곳에도 사악한 뱀이 똬리를 틀고 있었습니다.

그 지역에서 돈 좀 있다는 유지의 아들 하나가 일진 비슷하게 힘 있는 아이들을 모았고, 자기 마음에 들지 않는 아이들을 골라서 왕따를 시켰습니다. 제가 처음 전학을 가서 약간 통통한 남자아이를 보았는데, 그 아이 이름에 '봉' 자가 있다는 이유만으로 모두가 '봉봉'(당시 음료수 이름)이라고 부르며 놀렸습니다. 항상 그렇게 한 아이를 골라 왕따를 시키는 것이 그들의 못난 즐거움이었던 것입니다.

전학을 많이 다니다 보니, 항상 지나가는 '절차'란 게 있다는 것을 알게 되었습니다. 처음에는 호기심이 가득 차서 관심을 갖다가 곧 자기들과 다르다고 느끼는 순간, 왕따를 시키고 욕을 하고 치명적인 수치감과 모멸감을 주어서 자기들의 울타리를 견고하게 하는 것입니다. 무엇보다 저는 복음이라는 신앙을 갖고 있었고 그 작은 마을에 유일하게 있는 교회의 전도사 아들이었으니, 말할 필요도 없었습니다. 저에 대한 탐색이 끝나자 아이들은 또 그 짓을 시작했습니다. 처음에 제게 관심을 보였던 아이들은 자기들의 유치한 장난질과 죄악된 습관에 하나 되지 않는 저를 비난하며 욕하고 공공연히 모욕했습니다.

한번은 체육시간에 가지고 놀던 모래주머니(그때는 일본말의 잔재가 남아 '오자미'라 불렀습니다)가 몇 개 없어졌는데 선생님께서 누가 가져갔냐고 물어보시자, 몇몇 주동 세력의 아이들이 저를 지목했고 나머지 아이들은 묵언으로 동의했습니다. 저는 그날 학교에 남아 제가 짓지도 않은 죄에 대한 반성문을 써야 했고, 그 벌로 화장실 청소를 해야 했습니다. 그게 끝이 아니었습니다. 그 아이들은 주일에 우리 집에 와서 제 자전거 타이어에 구멍을 내기도 했고, 제 사진을 몰래 가져가 온갖 낙서를 하고는 수업시간에 선생님이 가르치시는 교탁 바로 아래에 붙여 놓고 모든 아이들이 보게 했습니다. 그 아이들이 제게 던진 냉혹한 한마디가 아직도 생생하게 기억납니다.

"너 저거 떼기만 해봐! 죽여 버릴 거야!"

그 아이들 중에 저를 가장 악랄하게 괴롭혔던 아이가 바로 민철이었습니다. 민철이는 제 옆자리에 앉는 짝이었습니다. 옛날 초등학교는 긴 나무 책상을 두 아이가 함께 사용했는데, 저는 그 학교를 다니는 내내 책상의 3분의 1도 사용해 본 기억이 없습니다. 민철이가 책상의 절반 이상을 차지했기 때문입니다. '넘어오면 죽인다'는 말을 백 번도 넘게 들었습니다. 물건을 빼앗고 상황을 속이고 인격적인 모멸감을 주는 일은 하루에도 수없이 일어났습니다.

초등학교 시절 워낙 조용했던 저는 부모님께 말할 수도 없었고 주먹 한번 날릴 용기도 없었습니다. 오직 성경을 읽으면 원수를 용서해야 하고, 기도를 하면 그 아이를 위해 기도해야 할 것만 머리로 알았을 뿐입니다. 정답은 알았지만 그 정답이라는 정상을 향해 올라갈 힘은 없었습니다. 그래서 기도라는 것을 해보기로 했습니다. 시편의 수많은 사람들이 기도했던 것처럼 말입니다.

기도를 시작하면 처음에는 눈물이 나고 화가 났지만, 기도 시간이 길어질수록 정확히 뭐라 말할 수 없는 그 이상의 감정과 감동이 저를 사로잡았습니다. 당연히 저에겐 방법이 없었기에 하나님의 방법으로 해보고자 결단했습니다. 하나님께서 원하시는 일을 얻고자 한다면 하나님의 길로 갈 수밖에 없기 때문입니다.

저는 민철이를 위해 기도했습니다. 물론 쉬운 일이 아니었습니다. 정말 어려운 일이었습니다. 하지만 기도했습니다. 그 아이가 변화되기를, 이 상황이 나아지기를, 새로운 하나님의 기적이 일어나기를 간절히 기도했습니다. 그리고 하나님께서는 그 기도를 통해 일하셨습니다.

바로 그날, 정말로 기적이 일어났습니다! 날씨가 흐린 아침이었습니다. 정확한 연도와 날짜를 기억하면 좋았으련만! 아무튼 어느 봄날 아침이었습니다. 학교에 갔는데 제가 알던 그 민철이는 없었습니다. 외모는 어제 모습 그대로의 민철인데, 오늘은 다른 사람이 되어 있었습니다. 민철이는 그동안 자신이 잘못했던 모든 일을 저에게 사과했고, 책상을 공정하게 절반으로 나누어 사용했으며, 괴롭히는 친구들이 저를 곤란하게 만들려고 파 놓은 함정을 미리 알려 주어 피하게 했습니다. 민철이는 말 그대로 180도 다른 사람이 된 것입니다.

아쉽게도 그날은 제가 그 학교를 떠나는 날이었습니다. 우리 가정은 다시 이삿짐을 싸서 이사를 하고 학교에서 학생 생활기록부를 떼어 전학을 가야 했습니다. 수업을 마치고 민철이는 우리 집에 와서 이삿짐 싸는 것을 도와주었습니다. 제 기억으로는, 그때 제가 무척 아끼는 만화책 한 권을 민철이에게 처음이자 마지막으로 선물한 기억이 납니다.

다음 날 아침, 미안함과 아쉬움이 가득 담긴 민철이의 얼굴이 이삿짐 자동차 백미러 사이로 조금씩 조금씩 작아졌습니다. 손을 흔들던 민철이가 더 이상 보이지 않는 길로 이삿짐 자동차가 접어들 때, 시골길 차창 밖에서 불어오는 시원한 바람에 제 머리카락이 날렸습니다. 조용한 감동이, 사람의 음성

같으면서도 사람의 음성과는 다른 어떤 음성이, 제 마음 깊은 곳에서 퍼져 올라오는 향기가 되고 울림이 되고 깨달음이 되어 제 입에서 흘러나왔습니다.

"하나님께서 내 기도를 들어주셨구나!"

그때 저는 처음으로 아주 특별한 눈물을 흘렸습니다. 기도가 응답되는 그 놀라운 감격, 이 땅의 그 무엇과도 비교할 수 없는 체험을 하면서 저는 하나님께서 살아 계시다는 것을 배우게 되었습니다. 그 후에도 짧은 인생이지만 지난 40여 년간, 저는 이사를 참 많이 했고 아팠고 힘들었고 배고팠고 상처받았습니다.

하지만 그 시간 동안 무척이나 여러 가지로 하나님께서 주신 은혜와 사랑과 베풂과 감격을 경험했습니다. 그 중간에는 반드시 '기도'라는 특별한 신비가 징검다리처럼 걸쳐져 있었습니다. 솔직히 저는 조지 뮬러와 같은 기도의 사람은 아닙니다. 그저 '기도할 수밖에 없는 상황의 사람'이었다고 보는 편이 더 정확할 것입니다.

기도가 좋아서 한 것이 아니라, 떠밀려서 기도해야 했습니다. 정말 기도 외에는 할 수 있는 것이 없는 날이 너무 많았습니다. 차만 타면 멀미를 하고 먹기만 하면 체하고 학교만 가면 왕따를 당했던 어린 시절에도, 아버지가 떠나시고 단칸방에서 어머니와 동생과 살아야 했을 때도, 낮에는 일하고 밤에는 학교를 다니던 가난한 신학생 시절에도, 신혼여행은 고사하고 초코우유 하나조차 사랑하는 아내에게 사 줄 수가 없어서 홀로 밤을 새우던 신혼 시절에도, 수석으로 학교를 졸업하고 유학을 꿈꾸었지만 강권적으로 상가 건물에 교회를 개척해 아무도 오지 않는 금요기도회 시간에 혼자 울면서 예배하던 전도사 시절에도, 제가 할 수 있는 일은 기도뿐이었습니다.

목사가 되어도 변함없는 제 삶의 곤고함 사이에서, 변화되지 않는 성도들의 모습 속에서 저는 기도할 수밖에 없었습니다. 그래서 기도하고 또 기도했습니다. 훌륭한 기도의 스승도 없었고 기도가 무엇인지도 몰랐고 탁월한 기도가 무엇인지도 배우지 못했지만, 그렇게 계속 기도해야 했습니다.

아마 그 기도들 중에는 잘못된 기도도 일부 있었을 것이고 말이 안 되는 기도도 많았을 것입니다. 하나님을 아프시게 하는 기도도 했을 것이고 비성경적인 기도도 있었을 것입니다. 하지만 중요한 것은 제가 끊임없이 기도했고, 지금도 기도하고 있다는 사실입니다. 결국 그 기도들 속에서 주님께서 허락하신 깨달음과 체험, 심지어 침묵을 통해 오늘날의 제가 있게 된 것이라고 믿습니다.

세월이 흘러 이제 목사가 되고 보니, 많은 사람들이 "기도란 무엇인가요? 어떻게 기도하면 되나요?"라고 묻습니다. 이제 그 대답으로 이 책을 내놓습니다. 물론 최근에 하나님께서 계속 제 마음에 불어넣어 주시는 감동이 컸기 때문이기도 합니다. 이 책은 기도의 완전한 교과서도 아니고 탁월한 기도의 사람이 쓴 신비도 담고 있지 않습니다. 다만 너무나 힘든 상황에서 어떻게든 기도해 보려는 몸부림이 있는 사람, 기도를 시작해 보려는 사람에게 부족하나마 첫걸음이 될 안내와 용기를 불어넣어 주려는 작은 징검다리일 뿐입니다. 어려운 신학이 아니라 매우 현실적이고 구체적인 기도의 방법을 담으려고 노력했습니다.

오직 저의 소망은 이 책을 읽고 당신에게도 제가 체험한 살아 계신 하나님의 바람이 불어 들어가는 것입니다. 기도하는 기쁨과 기도 응답의 감격을 체험해 보기를 바랍니다. 그러나 더 중요한 것은, 기도가 응답되지 않아도 기도 안에서 기뻐할 수 있기를 바랍니다. 그 기도 속에서 하나님께서 진정 우리에게 이루시기 원하는 놀라운 일이 일어나기를 소망합니다.

기도로 인한 그 무엇이 아니라 기도 그 자체에서 생명을 얻기 바랍니다. 그래서 덜 익은 과일을 따는 마음으로 한 줄 한 줄 부끄럽게 적었습니다. 이 책을 통해 당신이 기도라는 놀라운 여행의 첫발을 뗄 수만 있다면, 저는 기쁘게 저의 삶과 글을 디딤판으로 내어드리고 싶습니다. 오직 그것만으로 충분하기 때문입니다.

자, 이제 본격적으로 기도로 들어가 봅시다.

왜
기도해야 할까요?

✳
✳✳

어느 날 우리 아들이 저녁을 먹다 말고 이런 질문을 했습니다. "아버지, 하나님께서 어차피 하시고 싶은 대로 다 하실 건데, 우리가 왜 기도를 해요?" 아들은 평소에 질문이 많은 편입니다. 그러자 아들 녀석보다 한 살 더 많은 우리 딸이, 눈을 흘기며 단호하게 말합니다. "너 그런 말 하면 안돼!"

솔직히 다소 불경건해 보일 수 있지만, 목사인 저도 그런 의문이 듭니다. 우리가 믿는 하나님께서는 전지전능한 분이십니다. 그분은 모든 것을 알고 계시고 모든 것을 하실 수 있으십니다. 실제로 그분의 뜻대로 모든 일을 하십니다. 그런데 우리가 왜 굳이 기도를 해야 할까요? 우리 아들의 말처럼 어차피 우리가 기도를 해도 그분 마음대로 하실 텐데 말입니다.

에스겔 36장

그렇다면 천천히 이 문제로 들어가 봅시다. 이 문제를 해결하기 위해서는 기도가 가진 메커니즘, 즉 원리를 이해해야 합니다. 먼저 성경을 몇 군데 찾아보겠습니다. 얼른 성경책을 가져와 펼쳐 보십시오. 가장 먼저 살펴볼 말씀은 에스겔 36장입니다. 에스겔 36장은 하나님께서 이스라엘 (특히 남 유다) 백성의 죄악된 삶의 결과로 인해 심판을 내리시고 아울러 그들을 학대한 이방 민족에 대한 심판을 모두 선포하신 후, 자기 백성을 회복시킬 것이라는 내용이 전개되는 곳입니다. 이제 하나님께서 자기 백성에게 좋은 일을 하려고 하신다는 말입니다.

16절부터 하나님께서는 이스라엘 백성에게 그분의 거룩한 이름을 회복하실 것을 말씀하십니다. 그리고 26절부터는 새 영과 새 마음을 주겠다고 하십니다. 돌처럼 굳은 마음을 제거하시고 살갗처럼 부드러운 마음을 주시겠다는 것입니다. 그들은 포로된 땅에서 돌아오고 죄 문제를 해결받으며, 하나님의 영이신 성령님을 마음에 모심으로 영혼과 육신의 풍성함을 누리고 결국에는 죄악된 삶 자체를 미워하는 존재가 된다고 하십니다. 정말 놀랍고 감격적인 내용이 아닐 수 없습니다. 그렇게 모든 것이 저절로 아름답게 회복되는 것 같고, 모든 것이 그분의 주권적인 능력으로 마무리가 되는 것 같은데 37절에 특별한 구절이 나옵니다. 저는 이 구절에 주목하려고 합니다.

> 주 여호와께서 이같이 말씀하셨느니라. 그래도 이스라엘 족속이 이같이 자기들에게 이루어 주기를 내게 구하여야 할지라.

먼저 이 구절의 의미를 천천히 살펴보겠습니다. 여기에 "구하다"라는 동사의 히브리어는 "다라쉬"인데, '간구하다, 구하다, 기도하다'는 의미를 갖고 있습니다. 이 단어는 히브리어 "니팔"이라는 동사 형태로서 수동태입니다. 즉 이 의미를 문자적으로 해석하면 '(하나님이신) 내게 구하게 될 것이다'입니다. 이것은 에스겔서 전체에서 계속적으로 사람들이 하나님께 기도할 수 없었던 상황이 해결되는 것을 말합니다(에스겔 8:18, 14:3, 20:3 등을 읽어 보십시오). 다시 말해서, 죄악 가운데 있던 이스라엘 백성은 하나님께 기도할 수 없는 처지가 된 지 오래였습니다. 왜냐하면 그들이 지독한 죄 가운데 있어서 하나님께서 기도 자체를 들으려고 하지 않으셨기 때문입니다.

그런데 이제 에스겔 36장에서 우리의 축복 중 하나가 회복됩니다. 하나님께서 귀를 여시고 우리가 기도할 수 있도록 허락해 주시겠다는 것입니다. 이 말은 동시에 우리 입장에서 보면, 우리가 이제 그분을 향해 '해야 할 일'이 있다는 것이기도 합니다. 하나님께서 우리 인생을 회복시켜 주시고 그분이 원하시는 복을 주겠다고 하실 때, 하나님께서는 그 일이 무조건적이며 자동적으로 일어나도록 하시는 것이 아니라, 우리의 기도를 그 회복과 축복의 통로로 사용하시겠다는 것입니다.

여기서 꼭 하나 짚고 넘어가고 싶은 것이 있습니다. 요즈음 번영신학이 난무하는 바람에 "축복"이라는 단어를 쓰면 무조건 인간적인 의미로 받아들일 위험이 있는데요, 성경을 계속 연구하면서 저는 무조건 우리 기준에서 잘되는 것이 아니라 "하나님께서 하시고자 하는 대로 되는 것"이 바로 축복이라는 것을 알게 되었습니다. 그분이 우리에게 꼭 하시고 싶어 하고, 그분이 우리 삶에 꼭 일어나길 바라시는 것이 일어나는 것이 바로 축복이라는 말입니다. 그러므로 고난도 하나님께서 주시니 축복이고, 실패도 하나님께서 주시니 축복임을 알고 감사로 받게 됩니다.

그렇다면 여기서 우리는 기도 자체가 축복이라는 것을 먼저 발견하게 됩니다. 더 정확하게 말해서, 기도가 축복의 통로가 되는 것입니다. 하나님께서는 죄악으로 물들어 버린 우리 인생에 여러 가지 회복과 축복을 열거하시면서 마지막에 우리에게 기도할 수 있는 기회와 능력과 은혜를 주십니다. 이 본문은 마치 하나님께서 귀를 활짝 여시고 들을 준비를 하시는 것처럼 보입니다. 하지만 그것이 무조건적으로 되는 것은 아닙니다. 하나님께서 귀를 여신다는 것은 우리가 그분의 귀에 무엇인가를 아뢰어야 한다는 것을 말합니다. 하나님께서는 우리 인생에 복을 주시고자 하는데, 그 과정에서 필연적으로 요구되고 기대되는 것이 바로 기도라는 말입니다.

다니엘 9장

이번에는 다니엘서로 가 봅시다. 성경을 한번 더 펼쳐 보십시오. 다니엘서의 내용은 이스라엘이 바벨론 군대에 멸망하여 포로로 끌려간 다음에 일어난 역사적 상황 속에 있습니다. 그들은 하나님의 성전과 다윗 왕조를 잃고 포로로 끌려가서 이방 땅에서 종살이를 하고 있습니다. 바로 이런 상황에서 다니엘의 특별한 체험이 다니엘 9장에 펼쳐집니다.

다니엘은 메데 족속 아하수에로의 아들 다리오가 갈대아

나라의 왕으로 세워진 첫해에, 예레미야가 남긴 예언들을 읽고 있었습니다. 쉽게 말해서, 성경을 읽고 있었던 것입니다. 다니엘은 무엇보다 말씀의 사람이었습니다. 정상적인 그리스도인이 하루를 시작하며 아침에 성경을 읽듯, 그날 다니엘은 두루마리로 된 예레미야서를 읽고 있었는데, 자기 백성이 포로 생활을 마감한다는 예언을 읽게 된 것입니다.

노예로 살고 있던 사람들에게 자유를 준다는 소식만큼 반가운 소식이 또 어디 있겠습니까? 아울러 그것이 시쳇말로 '카더라 통신'에서 나온 것이 아니라 하나님의 말씀에서 나온 진리라면 말입니다. 이것이 방금 우리가 앞에서 살펴본 축복입니다. 하나님께서 하시고자 하는 그 일이라는 말입니다. 그래서 다니엘이 좀 더 읽어 보니, 이스라엘의 회복을 위해 자기 백성이 포로로 생활하는 기간이 70년이라고 되어 있습니다. 다니엘이 날짜를 계산해 보니, 70년이 거의 다 되었습니다. 이 얼마나 기쁜 일입니까!

만약 제가 다니엘의 입장이었다면, 하지도 않는 페이스북에 가입해서 여러 사람들에게 이 소식을 알리고 자비를 들여서라도 신문에 광고했을 것입니다. 하나님께서 이제 우리 백성을 회복하기로 하셨으니 우리가 할 수 있는 일은 이 소식을 알리고 기다리며 기뻐하고 누리는 일이면 충분하지 않겠습니까? 그런데 우리의 기대와는 다른 일이 일어납니다. 그것이 바로 9장 3절에 나옵니다.

내가 금식하며 베옷을 입고 재를 덮어쓰고 주 하나님께 기도하며 간구하기를 결심하고.

아니, 하나님께서 회복시켜 주시기로 한 시간이 되었으면, 지하철 다음 역에서 내릴 준비를 하는 마음으로 어서 잔치를 준비하고 축하해야 할 텐데, 다니엘은 기도를 합니다. 여기서 우리는 다니엘이 말씀의 사람일 뿐 아니라 기도의 사람이라는 사실을 발견하게 됩니다. 우리가 잘 알다시피, 그는 목숨을 걸고 하루에 세 번씩 기도한 사람입니다. 그 기도생활로 인해 사자굴에 던져졌으나 살아났으며 수백 년의 미래를 내다보고 예언할 수 있었습니다. 그는 우리보다 하나님께 더 가까이 있고 하나님의 원리(메커니즘)에 더 정통한 사람입니다. 그러므로 우리는 그의 방식에 관심을 갖고 따라야 합니다.

그러면 여기에도 에스겔 36장과 같은 기도의 이유(우리가 왜 기도해야 하는가)이자 정의(기도란 무엇인가)가 동일하게 담겨 있는 것을 발견하게 됩니다. 즉 하나님께서 우리에게 하시고자 하는 일이 이루어지기 위해 그분은 사람의 기도라는 통로를 사용하신다는 것입니다.

요한계시록 5장

지금까지 구약을 살펴보았습니다. 이어서 신약으로 넘어가 요한계시록을 살펴보겠습니다. 요한계시록에서 4-5장은 심장과 같은 부분입니다. 심장은 피를 받아들이고 다시 내보내는 곳입니다. 이처럼 요한계시록 4-5장은 지상에 있는 아시아의 일곱 교회가 온전한 모습으로 그려지는 천상의 교회로 회복된 성전의 모습을 받아들인 후에 그곳에서 일어난 찬양과 어린 양이신 예수 그리스도의 승리로 인해 6장부터 시작되는 심판의 영향력이 나가는 곳입니다.

우리는 흔히 요한계시록 6-16장에 나오는 인, 나팔, 대접 심판 시리즈를 보면서 무작정 공포와 두려움을 느끼지만 이것은 철저하게 4-5장에 근거한 찬양과 영광의 결과로서 세상을 바로잡으시는 삼위일체 하나님의 영향력이요 우리 인류의 구원이 완성되는 결과이자 과정입니다. 그렇다면 우리는 요한계시록의 심장과 같은 4-5장에는 삼위일체 하나님의 구원 역사와 영광만 기록되어 있고 그것을 찬양할 것이리라 기대하기

섭습니다. 하지만 5장에서 어린양 그리스도께서 성부 하나님으로부터 두루마리를 취하여 세상을 심판하는 구원의 마지막 영향력을 발휘하려고 할 즈음에 성경이 초점을 맞추는 특별한 장면이 하나 있습니다. 그것이 바로 8절부터 이어집니다.

> (어린양 예수께서) 그 두루마리를 취하시매 네 생물과 이십사 장로들이 그 어린양 앞에 엎드려 각각 거문고와 향이 가득한 금 대접을 가졌으니 이 향은 성도들의 기도들이라.

시편 141편 2절을 간접적으로 인용한 이 구절은 어린양 예수께서 세상을 바로잡으시는 심판의 집행 과정에서 그것이 향과 함께 올려지고 있으며 그 향이 바로 성도들의 기도라고 분명히 언급합니다. 이를 통해 하나님의 구원 역사가 심판으로 완성되는데 성도들의 기도가 얼마나 중요한지 분명하게 보여 주고 있습니다. 이어지는 요한계시록 6장 9-11절에도 간접적으로 드러나 있으며, 특히 8장 3-4절에는 분명하게 드러나 있습니다.

물론 우리는 여기서도 흑백논리에 휩쓸리면 안됩니다. 하나님의 심판 과정에서 사람이 할 것은 아무것도 없다(전혀 기도할 필요가 없다)는 식이나, 하나님의 심판 과정에는 반드시 사람의 기도가 들어가야 한다(사람이 기도해야만 하나님께서 일하신다)는 식으로 말입니다. 성경은 이렇게 수학이나 과학처럼 통계적이고 확률적이며 계산적으로 끊어지는 그런 진리가 아닙니다. 활을 당기는 사람의 근육과 활의 시위가 당겨지면서 팽팽하게 진행되는 긴장감이라는 생명력이 담긴 것이 성경의 진리입니다. 우리가 앞서 구약에서 살펴본 것처럼, 신약에서도 기도는 하나님의 뜻이 이 세상에 이루어지기 위해 필연적으로 함께하는 가치이며 요소입니다.

그러므로 우리가 기도해야 하는 이유는, 기도란 무엇인가를 동시에 정의해 줍니다. 하나님께서 우리에게 하시려는 그 일이 우리에게 바르게 이루어지기 위해 우리가 기도하는 것입니다. 기도란 하나님께서 우리에게 주실 축복이 이루어지기 위해 지나가야 하는 중요한 통로라는 말입니다.

물론 어떤 고약한 성도가 저에게 "그럼 우리가 기도 안 하면 하나님께서 원하시는 일이 안 이루어질 수도 있다는 말인가요?"라고 물을 수도 있을 것입니다. 솔직히 저는 어떻게 대답해야 할지 모르겠습니다. 물론 우리의 기도 없이도 하나님께서 원하시는 일이 이루어지는 것이 마땅합니다. 왜냐하면 하나님께서는 우리의 기도 없이도 일하실 수 있는 전능하신 분이기 때문입니다. 하지만 제가 들려드리는 다음 이야기에 조금만 더 귀를 기울여 보십시오.

이 질문을 하는 성도의 태도는 어떤 사람이 불이 난 건물의 3층에서 뛰어내리면 살 것인지 죽을 것인지를 물어보는 것과 같습니다. 어떤 생각이 드십니까? 불이 난 건물의 3층에 있는 사람이 뛰어내리면 살까요? 아니면 죽을까요? 정답은 "모른다"입니다. 살 수도 있고 죽을 수도 있습니다. 하지만 제가 하고 싶은 말은, 바로 그 순간 고가사다리 소방차가 온다면 그 사다리를 타고 내려오는 것이 생명을 구하는 바른 길이라는 것입니다. 그것이 가장 안전하고 분명한 생명의 방식이 될 것입니다.

이와 같이 우리는 성경과 역사를 통해, 하나님께서 하시려는 가장 선하고 아름다우며 귀한 일이 기도라는 통로를 통해 선명하게 움직이고 있다는 사실을 부인할 수 없습니다. 그러므로 우리는 기도해야 합니다.

성경이 보여 주고 있는 기도의 모습들은 분명히 어떤 원리와 메커니즘을 우리에게 제공하고 있습니다. 그것은 하나님께서 우리에게 하시려는 그 일을 위해 우리의 기도를 통로로 사용하신다는 사실입니다. 이것이 바로 우리가 기도를 해야 하는 이유이며 동시에 '기도란 무엇인가'에 대한 대답이 될 것입니다.

더 많은 성경 본문과 인물을 살펴볼 수 있지만, 이 책의 분량을 고려해서 이제 마지막으로 예수님을 살펴보겠습니다. 성경에는 기도의 사람들이 많이 나옵니다. 그들 역시 하나님께서 이 땅에 하시려는 놀라운 일의 통로로서 기도를 해왔습니다. 하나님의 사람들의 원형이자 궁극적 본체가 되시는 예수님께서는 더욱 그러셨습니다. 그분은 매 순간마다 기도하셨습니다. 열두 명의 제자를 선택하시던 전날 밤에는 밤새워 기도하셨고, 십자가를 앞두고는 감람산에서 땀이 피가 되도록 기도하셨습니다.

아마 열두 명의 제자는 이미 결정되어 있었을 것입니다. 그런데 왜 그렇게 오랜 시간 기도하셨을까요? 그냥 아침에 일어나서 하늘 아버지께서 불러 주시는 대로 사람들을 찾아 부르면 될 것을 말입니다. 우리는 그 이유를 구체적으로 알 수 없습니다. 그러나 중요한 사실은 우리보다 더 능력이 많으시고 지혜로우신 예수님께서 기도하셨다는 것입니다.

만약 제가 내일 십자가를 져야 한다면, 저는 기도하기보다는 체력을 위해 일찍 잠자리에 들었을 것입니다. 이미 결정된 일이고 바꿀 수 없는 일이기 때문입니다. 이것은 하나님의 뜻입니다! 그런데 왜 예수님께서는 그토록 간절하게 겟세마네 동산에서 기도하셨을까요? 아울러 그분은 생애 처음이자 마지막으로 제자들이 함께 기도해 주기를 바라십니다. 물론 제자들은 깨어 있지 않고 잤지만, 예수님께서는 그런 상황 속에서도 하나님께서 하시려는 그 놀라운 일에 기도가 필요함을 철저히 우리에게 모범으로 보여 주셨습니다. 하나님께서 하시려는 일은 기도라는 통로를 통해 이루어지는 것을 보여 주시기 위해서 말입니다.

다 집어치우고서라도 예수님께서는 기도하셨습니다. 그런데 도대체 내가 뭐가 그리 대단해서 기도를 안 한다는 말입니까? 그러므로 우리는 기도해야 합니다. 하나님께서 하시려는 일이 이루어지게 하는 것, 그것이 바로 기도입니다. 이제 마태복음 6장 33절에 나오는 "너희는 먼저 그의 나라와 그의 의를 구하라. 그리하면 이 모든 것을 너희에게 더하시리라"는 말씀이 더 잘 이해되고 자연스럽게 다가올 것입니다.

왜
기도하지 않을까요?

예수님을 믿는 사람치고 기도를 모르는 사람은 없을 것입니다. 하지만 실제로 기도하는 사람은 그리 많지 않습니다. 비공개적인 조사 결과에 의하면, 20세기에 들어서면서 한국 성인 성도들이 하루에 평균 5분도 기도하지 않는다고 합니다(스스로 한번 점검해 보십시오. 오늘 얼마나 기도하셨나요?). 시간이 지날수록 사람들이 더 기도를 하지 않는 것 같습니다. 기독교인이 하는 가장 큰 거짓말 중에 하나가 "기도하겠습니다"라는 말이라고 합니다.

목사님들도 기도하지 않습니다. 기도에 대한 책을 읽어서 기도를 이해만 할 뿐, 기도하지 않으며 기도 세미나에 가서도 교회 성도들을 위한 좋은 기도회 인도 자료로만 삼을 뿐 실제로 기도는 하지 않습니다. 새벽기도회든 금요기도회든 정작 기도를 시작하면 집에 가 버립니다. '기도회'로 모였는데 말씀이 끝나면 집에 가 버린다는 말입니다. 요즈음 기도원에도 기도하러 가는 게 아니라 말씀만 들으러 가는 사람들이 너무 많고, 심지어 어떤 목사님은 기도원에서 하는 소위 탁월한(?) 설교를 받아 적으러 가기도 합니다. 목회 현장에서 마음 아픈 것은 다른 모임에는 잘 나오면서도 함께 기도하는 자리에는 아예 나오려고 하지 않으며, 기도하러 모였는데 수다만 떨다가 기도는 몇 마디만 하고 가는 경우가 허다하다는 것입니다.

결국 기도를 방해하는 가장 큰 요소는 '기도하지 않음'입니다. 야고보 사도는 "너희가 얻지 못함은 구하지 아니하기 때문이요"라고 분명히 말했습니다(약 4:2). 이 말을 기도로 바꿔서 다시 써 보면 이렇습니다. "기도를 못하는 가장 큰 이유는 기도를 하지 않기 때문이다." 기도가 안 되는 가장 큰 이유도 기도를 하지 않기 때문입니다. 기도하려고 모이지 않고, 기도하려고 시간을 내지 않으며, 기도하려고 무릎을 꿇지 않고, 기도하려고 입을 열지 않기 때문입니다.

그 이유가 무엇일까요? 사람들이, 특히 성도들이 기도가 얼마나 중요한지 모르기 때문입니다. 무엇보다 앞서 말씀드린 것처럼 하나님의 뜻이 이 땅에 이루어지기를 원하지 않기 때문입니다. 무엇보다 기도에 대한 믿음이 없기 때문입니다. '기도해서 뭐 하나?'라는 생각이 지배적입니다. 기도보다 다른 것을 더 중요하게 생각합니다. 기도에 대한 믿음보다 SNS의 정보와 휴대폰에 저장된 지인들의 인맥에 더 큰 믿음이 있고, 은행에 저축한 돈에 더 큰 신뢰가 있기 때문입니다. 결국 기도에 대한 믿음이 없다는 것은 곧 하나님에 대한 믿음이 없다는 말입니다.

목사님들도 마찬가지입니다. 성경을 읽다가 모르면 성경의 원저자가 되시는 성령님께 기도하며 지혜를 구해야 하는데, 주석을 찾아보고 인터넷 뒤지는 것을 더 먼저 합니다. 성도들에게 기도를 하라고 권면하지만 정작 자신은 기도하지 않습니다. 하지 않는 일은 결국 하지 못하는 일이 됩니다. 기도를 해본 적이 없으니 기도 응답을 받아 본 경험도 없고 기도를 하려는 태도도 보이지 않습니다.

예전에 전도를 하는데, 어떤 사람이 "예수 믿는 사람들은 다 가난하고 무식한 인간들"이라고 말하는 것을 듣게 되었습니다. 그런 맥락에서 보자면 '기도란 걸 하는 사람들은 다 지식도 없고 인맥도 없고 돈도 없는 인간들'이라는 생각이 우리 의식 깊은 곳에 굳게 자리매김하고 있는 것은 아닐까요?

아울러 기도를 하지 않는, 혹은 기도를 할 수 없는 더 근본적이고 영적인 이유는 악하고 음란한 이 시대에 사탄이 역사하며 활동하고 있기 때문입니다. 다니엘의 기도조차 21일 동안이나 방해했던 사탄이 아닙니까? 당연히 다니엘보다 기도의 무릎이 약한 우리는 그보다 더 심하게 방해할 것은 상식적으로 생각해도 추측이 되지 않습니까?

사탄은 역사 속에서 끊임없이 성도들로 하여금 기도하지 못하게 하고, 함께 기도하지 못하게 하며, 지속적으로 기도하지 못하게 해왔습니다. 결국 기도 자체를 아예 하지 못하게 만들어 왔습니다. 이를 통해 사탄이 원하는 것은 이 땅에 하나님의 뜻이 이루어지지 않도록 막는 것입니다.

사람들이 비록 기도를 한다고 해도, 자기 욕망이나 이루려고 주문과 다를 바 없는 기도를 합니다. 그리고 대부분의 사람들이 전혀 기도가 없는 인생 속에서 살다 보니, 사막에서 물이 없어 죽어 가는 풀처럼 되어 가고 있으며, 다른 방법을 기웃거리는 것이 바다 한가운데서 바닷물을 조금씩 조금씩 마시다가 죽어 가는 불쌍한 인생과 같습니다. 기도는 영적인 호흡이라고 우리가 알고 있지 않습니까? 숨이 막혀서 질식해 죽는 사람을 상상해 보십시오. 호흡이 점점 끊어지면서 죽어 가는 모습이 얼마나 안타깝고 끔찍합니까? 그런데도 우리는 그런 상황을 스스로 만들어 영적인 자살을 하고 있습니다.

기도하지 않는 사람은 누구나 이런 운명에 처하게 됩니다. 남에 대해 이야기하기 전에 먼저 자신의 영적 기도 생활을 스스로 점검해야 합니다. 한 번에 큰 죄를 지어서 사람이 타락하는 것이 아닙니다. 점차 기도하는 시간이 줄어 가는 것, 그것은 이미 영적으로 병들고 죽어 간다는 신호입니다. 기도보다 더 중요한 것이 생기고, 기도보다 더 많은 시간을 쓰는 일이 생긴다면 그것은 절대 하나님의 일이 될 수 없습니다.

기도를 멈추는 것은 영적인 몸의 일부가 멈추는 것이 아니라 영혼의 심장이 멈추는 것임을 알아야 합니다. 기도를 멈추면 사탄이 주는 유혹과 시험에 빠져들게 됩니다. 사탄은 우리에게서 기도를 빼앗은 후에 우리를 속이고 죽입니다.

또한 우리가 기도하지 않는 아주 근본적인 이유는 하나님을 사랑하지 않기 때문입니다. 서울에서 부산까지 기차를 타고 가는 연인을 상상해 보십시오. 함께 긴 여행을 하는 동안 말 한마디 건네지 않는다면 정말 나를 사랑하는 사람일까요? 하나님의 의견을 물어보지도 않고 하나님의 뜻을 구하지도 않고 하나님의 나라에 관심도 없는 사람, 아니 하나님에게 말 한마디 건네지 않는 사람이 어떻게 하나님을 사랑한다고 말할 수 있겠습니까? 아울러 하나님에 대한 사랑이 없으니 세상도 올바르게 사랑할 수 없습니다. 기도가 없는 사람은 하나님의 사랑을 잃어버리게 되고 사람에 대한 사랑도 잃어버리게 됩니다.

고린도전서 13장의 서론에서 바울이 처참하게 외치고 있듯, 사랑이 없는 사람은 일부가 없는 것이 아니라 전부가 없는 것입니다. 하나님에 대한 사랑이 없는 사람은 당연히 기도 자체가 없습니다. 하나님을 사랑한다고 말하면서 기도하지 않습니까? 그렇다면 그 사랑은 가짜입니다. 그러므로 기도에 대한 관심 혹은 무관심은 곧 하나님의 방식과 하나님의 나라에 대한 관심 혹은 무관심과 같습니다.

그러므로 기도 없는 인생은 무능한 인생이 됩니다. 저는 목회 현장에서 무능한 부모들을 수없이 만나 왔습니다. 그들은 대다수 돈이 없거나 공부를 못한 사람이 아니었습니다. 지독하고 철저하게 기도가 없는 사람이었습니다. 앞에서 살펴본 것처럼, 기도가 없는 사람은 기도보다 세상 일에 더 마음을 빼앗겨 하나님을 사랑하지 않고 그로 인해 하나님의 진리나 하나님의 방식을 전혀 모릅니다.

그들은 자녀들을 사랑한다고 하지만 하나님의 참사랑, 진짜 사랑을 모르니 아이들을 육신적이고 헛되며 가짜 사랑으로 사랑할 수밖에 없습니다. 또한 아이들에게 공부를 해야 하니 교회에 가지 말라고 하고 인생에서 성공하려면 하나님을 팔아먹으라고 합니다. 그리고 무엇보다 아이들이 기도하는 사람이 되지 못하게 막습니다. 왜냐하면 본인이 실제로 기도하지 않고 기도를 믿지 않기 때문입니다. 기도가 없는 인생은 영의 호흡이 끊어진 상태에서 식물인간처럼 시간을 연명하게 됩니다. 결국 그 자녀들은 하나님만 배신하는 것이 아닙니다. 부모를 배신하고 나중에는 자기 영혼까지 배신해 버립니다.

기도 없는 목사는 능력 없는 설교를 하고, 기도 없는 전도자는 능력 없는 복음을 전하며, 기도 없는 장로는 교회의 문제와 어려움을 논쟁만 하다가 세상 법정에 가져가기 바쁘고, 기도 없는 신학 교수는 자신도 살아 내지 못하는 정보를 입으로만 나불거리다가 이 세상을 전혀 바꿀 수 없는 석화된 교리와 죽어 버린 지식만 전할 뿐입니다.

기도 없는 성도는 "나와 내 집은 여호와를 섬기겠노라"는 여호수아의 결단과 능력이 부족하여 세상에 한 발, 교회에 한 발 걸치고 심히 이중적이고 자기 기만적인 종교생활로 갈등하다가 불안한 인생을 마감하게 됩니다. 또한 자신도 변화되지 않고 남도 변화시킬 수 없으며, 자신도 용서하지 않고 남도 용서하지 않으며, 자신도 사랑하지 못하고 남도 사랑하지 못한 채 인생을 마감하게 됩니다. 실패하는 사람은 실패할 수밖에 없는 길을 가고, 성공하는 사람은 성공할 수밖에 없는 길을 갑니다. 신앙생활에서 성공의 길은 곧 기도의 길이라는 것을 명심하기 바랍니다.

그러므로 기도야말로 참된 신앙의 시금석입니다. 다시 한 번 말씀드리지만, 그 무엇보다 예수님께서 기도하셨다는 사실을 기억하기 바랍니다. 그런데 왜 우리는 기도하지 않습니까? 자신이 예수님보다 더 대단한 사람이라고 착각하는 것은 아닙니까? 능력이 많으신 하나님의 아들도 기도하셨단 말입니다! 그렇다면 우리도 기도해야 하는 것이 마땅하지 않습니까?

기도에 대한 수많은 정의나 감동적인 몇 가지 문구를 읽는 것이 중요하지 않습니다. 정말로 무릎을 꿇고 손을 모으고 마음을 다해 기도하는 것이 중요합니다. 기도할 시간이 없다고, 기도하기 어렵다고 말하지 마십시오. 쓸데없는 스마트폰 게임과 드라마와 세상 돌아가는 이야기와 별 유익도 없는 사람들을 만나려고 수십 시간, 수백 시간을 사용하면서 나를 사랑하시고 나를 위해 죽으신 주님 앞에 나올 시간이 없다는 것은 모두 핑계일 뿐입니다. 인류 역사 속에서 언제 기도하기 쉬운 때가 있었습니까? 기도의 사람들 중에 기도하기 쉬워서 기도한 사람이 누가 있습니까? 기도를 못하는 사람은 결국 기도를 안 하는 사람이 되고 맙니다.

기도할 때 어떤 일과
능력이 생길까요?

**

전도사 시절, 가벼운 교통 사고를 당해서 병원에 입원한 선배님의 일이 생각납니다. 그 선배님은 정말 가벼운 접촉사고를 당했는데 오랫동안 병원 신세를 져야 했습니다. 저는 너무나 이상해서 의사 선생님께 물어보았습니다. 그러자 그분이 매우 의미심장한 대답을 하셨습니다. "문제는 외부에서 온 것이 아닙니다. 늘 내부에서 만들어집니다."

사실 그 선배님은 잘 먹지도 않고 잠도 잘 안 자는 스타일이었습니다. 운동이라고는 일체 하지 않았습니다. 그저 오기와 깡으로 살아왔다고 보시면 됩니다. 바람만 불면 감기가 걸렸고 조금만 일하면 쉽게 지쳤습니다. 결국 아무리 가벼운 접촉사고였을지라도 그 선배님에게는 매우 심각한 교통사고가 될 수밖에 없었던 것입니다. 우리의 영혼도 마찬가지입니다. 기도가 없는 영혼은 약하고 쉽게 병들게 됩니다.

저는 성도들에게 자주 "영혼의 감기"에 걸리지 말라고 인사합니다. 육신이 건강해야 모든 일을 쉽게 감당할 수 있듯, 영혼이 강건해야 세상의 유혹을 이기고 주님의 길을 기쁘게 갈 수 있습니다. 육신의 면역력만 중요한 게 아닙니다. 영적인 면역력은 더욱 중요합니다.

우리 그리스도인은 이 세상에서 좁은 길로 가고 자기를 부인하고 십자가를 지도록 부름받았습니다. 우리가 이 세상에서 지치지 않고 넉넉히 이기고 승리하며 이 특별하고도 위대한 삶을 사는 비결에 빠질 수 없는 핵심적인 요소가 있습니다. 그것은 바로 기도입니다. 물론 기도가 하는 일은 참으로 많습니다. 하지만 저는 우리가 기도할 때 이루어지는 일과 능력에 대해 크게 세 가지로 살펴보고자 합니다.

첫째, 기도하는 사람은 영혼이 강건합니다. 사도 요한은 사랑하는 가이오에게 편지를 쓰면서 가장 먼저 "네 영혼이 잘됨 같이 네가 범사에 잘되고 강건하기를 내가 간구하노라"고 했습니다(요삼 1:2). 우리의 영혼이 잘되는 것, 곧 우리의 영혼이 강건한 것을 복음적인 시각으로 치환하여 표현하면 "거룩하다"고 할 수 있습니다. 그렇습니다. 우리가 규칙적인 기도 습관을 가지고 하나님 앞에 나아가면 늘 거룩한 삶, 건강한 삶을 살게 됩니다. 왜냐하면 우리가 기도할 때 무엇보다 회개의 영이신 성령님께서 역사하셔서 우리의 죄악된 삶을 회개하게 만들기 때문입니다. 회개는 우리의 영혼을 씻는 목욕과 같습니다. 영혼을 새롭게 하는 신선한 공기와도 같고 육체를 건강하게 하는 좋은 음식과도 같습니다.

기도를 할 때마다 우리는 영혼을 하나님 앞에 비추는 시간을 갖게 됩니다. 물론 말씀도 그런 역할을 합니다. 하지만 말씀에서 깨달은 것은 머리와 가슴에만 머물러 있을 뿐입니다. 우리의 기도는 그 깨달음이 손과 발로 이어지게 하는 통로요 능력입니다.

거룩한 삶은 하나님의 보좌 앞에 담대히 나아가게 합니다. 하나님의 보좌 앞에 담대히 나아가게 되면 그분 앞에서 더 거룩한 삶을 살게 됩니다. 결국 기도란 "우리의 영적 건강의 선순환"이라고 할 수 있습니다. 기도를 시작하면서 거룩해지고, 거룩해진 마음이 담대하게 되어 더 기도하게 되며, 그 기도를 통해 더 거룩한 삶으로 나아가게 되기 때문입니다.

반대로 기도하지 않는 사람은 "영적 건강의 악순환"이라는 절차를 밟을 수밖에 없습니다. 기도가 없으니 하나님의 얼굴을 볼 수 없고, 하나님의 얼굴을 볼 수 없으니 죄를 깨닫지 못하며, 죄를 깨닫지 못하니 회개하지 않게 됩니다. 회개하지 않는 영혼은 하나님을 뵙고 싶어 하지도 않고 기도의 자리로 나아가지도 않습니다. 결국 기도할 필요성 자체를 잃어버리게 됩니다. 죄에 죄를 더해 가면서 결국 영혼은 약해지고 세상과 사탄이 주는 아주 작은 접촉사고에도 온 영혼이 부서지는 체험을 하게 됩니다.

둘째, 기도는 우리 자신에게만 축복이 아니라 교회와 다른 성도들을 포함한 세상에 축복을 전해 줍니다. 다시 한번 설명드리지만, 제가 말하는 축복은 번영신학이 말하는 "무조건 세상에서 잘되는 것"이 아니라 하나님께서 각 사람과 사회와 세상에 그분이 하시고자 하는 일이 바르게 되는 것을 말합니다.

기도가 하나님의 축복을 이 세상에 가져오는 통로가 되는 것입니다. 기도로 인해 영적으로 건강해진 사람은 다른 사람에게 도움을 줄 수 있는 능력의 사람으로 변화되고 성장하기 때문입니다. 기도 자체가 그 일을 할 뿐 아니라 바른 기도를 통해 연단된 하나님의 사람이 하늘의 능력을 받아 세상에서 그런 역할을 감당하게 됩니다. 물론 여기서 하늘의 능력은 이상한 기도원에서 사람들의 눈이나 찌르는 몰상식한 태도를 말하는 것이 아닙니다.

기도하는 사람은 무엇보다 먼저 내면에서 하나님의 성품이라는 능력을 갖게 됩니다. 바울이 갈라디아서 5장에서 말한 것처럼, 기도하는 사람은 사랑과 희락과 화평과 오래 참음과 자비와 양선과 온유와 절제라는 내면적인 능력을 얻게 됩니다. 제가 가르치는 제자들에게 늘 힘주어 말하듯이 "성품이 곧 능력"입니다. 잘 참지 못하고 불같이 화를 내고 화목하지 못하고 기다려 주지 못하는 것은 모두 능력이 부족하기 때문입니다. 이 성품이라는 능력이 다듬어지지 않는 가장 큰 이유 중 하나가 바로 기도 부족입니다.

깊은 기도를 통해 우리 안의 더러운 것들을 회개함으로 쏟아 낸 후, 그 비어진 자리에 주님의 성품이 차오름으로서 우리의 내면이 그리스도의 성품으로 변화되어야 합니다. 생각해 보십시오. 꽃집에서 오랫동안 머물면 자연스럽게 몸에 꽃향기가 배어나기 마련입니다. 우리가 주님과 자주 오래 머무는 기도 생활이 습관이 된다면, 우리는 자연스럽게 그분의 성품으로 물들게 될 것입니다. 그러면 그분이 주신 성품이라는 능력으로 다른 사람들을 대하게 될 것이고 우리를 통해 그리스도의 향기가 드러나는 것은 당연한 일 아니겠습니까?

개인적인 이야기를 해서 죄송하지만, 우리 가족이 사는 동네에 작은 슈퍼가 있는데 그곳에 가면 물건을 계산해 주시는 분이 우리 가족에게 웃으시면서 친절하게 대해 주십니다. 부끄럽지만 그분은 늘 "우리나라 가정이 저 아저씨 가정처럼 되어야 해"라고 하면서 칭찬해 주십니다. 왜일까요? 저는 잘 모르겠습니다. 하지만 우리 가정은 항상 그 작은 슈퍼에 가면 밝게 인사하고 친절하게 말을 건네며 계산하는 분들을 하나의 기계가 아니라 소중한 인격으로 대하기 때문이라고 생각합니다. 혹시라도 떨어진 물건이 있으면 정리해드리고 따뜻한 인사와 격려로 만나고 헤어지기 때문이라고 생각합니다.

기도를 바르게 하면 모든 사람이 하나님의 형상으로 지어진 존재라는 것을 깨닫게 됩니다. 저는 버스나 택시를 탈 때도 항상 반갑게 인사를 하며 기회가 될 때마다 복음을 전합니다. 그것은 제가 특별한 교양 수업을 받거나 그저 목사라는 직함을 갖고 있어서가 아닙니다. 외람되지만, 규칙적인 기도 생활을 통해 제 안에 좌정하신 주님께서 주인 되어 저의 모난 성품을 가리시고 대신 주님의 귀한 성품으로 모든 사람을 대하게 하시기 때문입니다.

실제로 기도를 계속 하다 보니, 이따금 제가 원치 않는 불이익을 당해서 마땅히 쏴붙여 버려야 할 순간에도 멍청하게 있을 때가 있습니다. 그래서 부딪치고 싸워야 하는 위기 순간에도 그냥 바보처럼 되어 버립니다. 한참 후에 집에 돌아오면

할 말들이 생각납니다. 정말로 선한 데는 지혜롭고 악한 데는 미련해집니다. 이것이 단순히 윤리책을 많이 읽는다고 가능한 것은 아닙니다. 사람이 기도하지만 기도가 사람을 바꾼 것입니다.

아울러 기도하는 사람은 교회와 성도들 및 세상 사람들을 향한 외면적인 능력도 갖게 됩니다. 그것이 바로 고린도전서에서 바울이 말하는 성령의 은사들입니다. 저는 지금까지 기도하지 않는 사람이 진정 사람을 살리고 삶을 변화시키는 성령의 은사를 가진 것을 본 적이 없습니다. 말씀의 은사를 가진 사람이든 병을 고치는 은사를 가진 사람이든, 한결같이 그들은 기도하는 사람들이었습니다.

저는 고등학교 때부터 위장병으로 인해 각혈을 했습니다. 위장약(겔포스)과 양배추를 아예 달고 살았습니다. 그러다가 대학교 1학년 때, 늘 기도 가운데 사시던 한 권사님이 저의 배를 만지며 눈물로 기도해 주시고 나서부터 저는 위장병에서 자유를 얻게 되었습니다.

물론 한국교회에 무질서하고 비인격적인 은사자들로 인해 피해를 입고 상처를 받은 사람들이 많아서, 이제는 은사가 없다고 말하는 가슴 아픈 학자들이나 평신도들도 만나 보았습니다. 하지만 없는 것을 있다고 말하는 것만큼이나 있는 것을 없다고 말하는 것도 조심해야 합니다. 받은 은사를 잘못 사용한 사람들이 있다고 해서 하나님께서 주신 그 은사까지 죄악시해서는 안 됩니다.

모든 은사는 다듬어지고 성숙해져야 합니다. 우리가 바르게 기도하고 말씀을 읽으면서 영적 지도자의 지침에 따라 사용한다면, 모든 은사는 교회를 바로 세우고 하나님의 나라를 확장하는 도구가 될 것이며 능력의 통로가 될 것입니다. 그러므로 우리는 기도를 더 겸손하고 깊이 있게 해야 합니다. 은사를 체험하는 것만이 아니라 은사의 본래 목적이 이루어질 수 있도록 말입니다.

말이 너무 멀리 나간 것 같지만, 제가 하고 싶은 말은 이것입니다. 바른 기도를 통해 우리의 외면에 부어지는 성령의 은사는 우리로 하여금 능력 있는 사람이 되게 하고, 그 능력은 결국 우리 이웃에게 복음을 전하고 우리 지체인 성도들을 세워 교회와 세상을 건강하게 만드는 귀한 역할을 감당하게 합니다.

예를 하나 들어 보겠습니다. 마가복음 9장을 읽어 보면, 예수님께서 귀신 들린 한 아이를 치유하시는 내용이 나옵니다. 예수님의 제자들도 그 문제를 해결해 보려고 백방으로 수고했으나 그들은 어떤 영향력도 끼칠 수 없었습니다. 예수님께서는 "믿음이 없는 세대여, 내가 얼마나 너희와 함께 있으며 얼마나 너희에게 참으리요"라고 말씀하신 후, 귀신 들린 아이를 데려오라고 하십니다. 그리고 아이의 상황과 형편을 살펴보신 후, "말 못하고 못 듣는 귀신아, 내가 네게 명하노니 그 아이에게서 나오고 다시 들어가지 말라"고 명하십니다. 그 즉시 아이에게서 귀신이 떠나갔습니다. 이 일을 해결하고 예수님께서 집 안으로 들어가시자, 제자들이 조용히 물어봅니다. "우리는 어찌하여 능히 그 귀신을 쫓아내지 못하였나이까?" 그러자 예수님께서는 29절에서 분명하게 말씀하십니다.

기도 외에 다른 것으로는 이런 종류가 나갈 수 없느니라.

교회마다 복지 정책을 시행하느라 힘을 많이 쓰고 있습니다. 하지만 진짜 필요한 것은 기도가 아닐까요? 교회마다 상담을 하느라, 바자회를 하느라, 세상을 어떻게든 도와주려고 최선을 다합니다. 하지만 우리가 진정으로 도와야 하는 것은 세상이 아니라 하나님 아닐까요? 우리에게 진정으로 필요한 것은 기도가 아닐까요? 육신적인 도움이 필요하지 않다는 말이 아닙니다.

우리 교회도 개척하고 나서 지금까지 늘 재정이 마이너스 상황이지만, 그럼에도 불구하고 매년 재정의 10퍼센트가량을 구제비로 사용합니다. 하지만 그것이 수단이 될 수는 있어도 근본적인 해결책이 될 수는 없습니다. 참으로 하나님께서 주신 영적인 능력이 우리에게 있어야 우리 이웃과 아울러 하나님의 몸된 교회 안에 들어온 상처 입고 병든 사람들을 근본적으로 돕고 회복시킬 수 있는 것입니다.

마지막으로 기도는 하늘의 뜻, 하나님의 뜻이 이 세상에서 이루어지게 합니다. 이것이 가장 중요한 것입니다. 물론 앞의 두 가지 내용도 여기에 포함되어 있습니다. 하지만 앞의 두 가지 내용을 합친 것보다 이 마지막 내용이 더 큽니다. 우리가 아무리 거룩해지고 우리 이웃과 교회를 섬겨도 그것이 하나님의 뜻을 이루는 것이 되지 않는다면 무의미한 일입니다. 이 말이 무슨 뜻인지 좀 더 자세히 설명해 보겠습니다.

우리는 이따금씩 우리 개인의 삶이나 교회와 이웃과의 관계에서 좋은 일과 건강한 일만 일어나기를 기도합니다. 하지만 정말 마음 아픈 일이지만, 기도를 바르게 하는데도 불구하고 그와는 전혀 다른 상황이 펼쳐집니다. 사실이 그렇지 않습니까? 최선을 다해 기도하는데도 어찌 보면 상황은 더 나쁘게 흘러가고 더 좋지 않게 될 때가 얼마나 많은지 모릅니다. 그러면 가족 중에 예수님을 믿지 않는 이들은 우리를 비방하고 우리의 기도를 업신여깁니다.

이것을 우리가 무조건 "우리는 지금 기도를 잘못 하고 있다"고 보아야 할까요? 우리가 정말 기도를 잘못 하기 때문에 이런 일이 일어나는 것일까요? 어쩌면 이것이 우리의 기도가 정말 하고자 하는 일은 아닐까요? 하나님께서 우리의 기도를 통해 진정 하시고자 하는 일이 이루어지는 것이 아닐까요?

우리가 건강하고 지속적인 기도 생활을 하는데도 불구하고 우리 삶에 원치 않는 일이 일어날 때 오히려 우리는 더 감사해야 합니다. 왜냐하면 이것이 바로 가장 중요한 기도의 응답이기 때문입니다. 이해가 안 될지도 모르고 속상할지도 모르지만, 실제로는 "우리가 원치 않는 일들이 일어날 때, 하나님께서 원하시는 일들이 더 많이 일어납니다."

우리 자신의 건강이 약해지고 우리 이웃과의 관계가 더 악화되면서 만약 우리 하나님께서 이 땅에 하시고자 하는 일이 더 선명하게 드러난다면 이것은 참으로 위대한 기도가 아닐 수 없다고 저는 믿습니다. 내가 원하는 것이 이루어지는 기도가 감사한 기도라면, 내가 원하는 것이 이루어지지 않고 하나님께서 원하시는 것이 이루어지는 기도는 가장 위대한 기도일 것입니다.

기도에는 저축을 하거나 보험을 들거나 복권을 사는 것과는 전혀 다른 메커니즘이 있습니다. 기도를 하는데 오히려 더 안 좋은 일이 일어납니다. 왜입니까? 하나님께서 보시기에 좋은 일이 일어나야 하기 때문입니다. 이것이 무슨 뜻인지 모르는 대다수 사람들은 기도 생활의 초급 단계에 머물러 있는 것입니다.

이해하기 쉽게 설명해 보겠습니다. 초등학생인 우리 아이가 육신의 아버지인 저에게 "아버지, 저는 아프지 않고 고통 없이 건강하게 살고 싶어요"라고 부탁했습니다. 그래서 제가 그렇게 하겠다고 대답했습니다. 그런데 시간이 흘러 예방 접종을 해야 하는 날이 왔습니다. 저는 아이를 데리고 보건소로 가서 주사를 맞히려고 합니다. 그런데 아이가 울면서 화를 냅니다. "저는 아버지에게 고통 없이 건강한 삶을 살게 해달라고 기도했는데 왜 아버지는 저에게 이런 고통과 시련을 주십니까"라고 말이죠. 어디서 많이 들어 본 소리 아닙니까? 그래서 제가 대답합니다. "그래, 정말 건강한 삶을 주기 위해서 나는 너에게 이 작은 고통을 선물로 준다"고 말입니다. 육신의 아버지보다 더 위대한 우리 영혼의 아버지께서 기도를 통해 하시는 일이 바로 이와 같습니다.

이러한 깨달음이 기도가 된 경우가 성경에 많이 나옵니다. 특히 시편에 가득합니다. 저도 이런 기도의 메커니즘을 모르고 기도할 때는 하나님을 원망했고, 시편을 읽어도 전혀 이해가 되지 않았습니다. 하지만 이제 시편을 읽으면 감사의 눈물이 납니다. 우선 시편 42편을 펼쳐 보십시오. 시편 42편을 보면, 이 시를 쓴 시인이 매우 간절하고 갈급하며 궁핍한 상황이라는 것을 한번에 알 수 있습니다. 목마른 사슴처럼 그의 영혼은 하나님을 찾고 있습니다. 사람들은 하루 종일 이 시인을 괴롭히고 있습니다. 그런데 참으로 신기하게도 시인은 5절부터 갑자기 "내 영혼아, 네가 어찌하여 낙심하며 어찌하여 내 속에서 불안해하는가? 너는 하나님께 소망을 두라. 그가 나타나 도우심으로 말미암아 내가 여전히 찬송하리로다"라고 합니다. 무엇인가 내적인 반전이 일어난 것입니다.

그 다음에 나오는 시편 43편도 마찬가지입니다. 시작할 때는 불의한 상황 속에서 고통이 터져 나오고 자신의 아픈 처지로 인해 슬픔이 배어 나옵니다. 그런데 이 짧은 시편의 마지막 절인 5절에서 "내 영혼아, 네가 어찌하여 낙심하며 어찌하여 내 속에서 불안해하는가? 너는 하나님께 소망을 두라. 그가 나타나 도우심으로 말미암아 내 하나님을 여전히 찬송하리로다"로 마무리됩니다.

물론 모든 시편이 이렇게 행복하게 끝나지는 않습니다. 하지만 시편 속에서 한결같은 내면적 반전이 일어나는 이 경험은 오랫동안 기도 생활을 해온 모든 사람에게 일어나는 매우 특별한 체험입니다.

제가 이 책을 시작하면서 나눈 민철이의 이야기처럼 우리의 기도가 처음에는 분하고 속상하며 인간적인 요구로 시작되었을지라도, 기도가 깊어지면서 우리는 차츰 하나님의 마음을 알게 되고 그분의 지성소로 들어가게 됩니다. 그러면 그 미운 영혼이 차츰 불쌍하게 생각되는 것입니다. 참으로 신기하게 우리의 인간적인 분노가 점차적으로 하나님 아버지의 긍휼의 마음으로 변화되는 것입니다.

그래서 하나님께서 원수를 갚아 주시고 보복해 주시기를 바라는 기도가, 언제부터인가 그 영혼을 위한 기도로 바뀌어가는 것입니다. 저는 이것이 기도의 신비이며, 우리 마음에 맞는 사람과 만나서 술을 마시면서 푸념하는 것과는 근본적으로 다른 해결책이 되는 것이라고 생각합니다.

신약으로 넘어가 보면, 예수님도 십자가를 지시기 전에 안타깝고 간절한 마음으로 "이 잔을 내게서 떠나게 해달라"고 기도하십니다. 십자가를 지시고 싶지 않다는 말입니다. 이 얼마나 안타깝습니까? 그분도 인간이셨습니다. 그분도 고통 앞에서 힘들어하셨습니다.

만약 그분이 "이것은 아무것도 아닙니다. 제가 기쁘게 지겠습니다"라고 했다면, "와! 멋지다"라고 감탄했을지는 모르겠습니다. 그러나 솔직히 우리 인간은 이런 구절을 읽으면서 "나는 저렇게 할 수 없다"는 탄식과 함께 참혹한 괴리감과 자포자기에 빠졌을 것입니다. 하지만 주님은 우리처럼 그리고 우리를 대신하여 죽음이라는 마지막 종착역 바로 전 역에서 눈물을 흘리고 신음하셨습니다. 그런데 놀라운 사실은 무엇입니까? 주님께서 기도를 하시면서 시편의 시인들이 보여 주는 놀라운 내적 반전이 일어나지 않습니까?

주여, 내가 원하는 대로 하지 마시고 당신의 뜻대로 되기를 바랍니다!

그렇습니다. 이것이 바로 기도입니다. 대단한 기도만이 이런 결과를 낳는 것이 아니라 우리가 정말 바르게 기도할 때 이런 일이 일어나는 것입니다. 저는 이런 체험이 수없이 많습니다. 성도들과 함께 기도하다 보면 그런 체험을 하는 날이 많습니다. 기도를 시작할 때는 억울하고 속상해서 눈물이 터져 나오고 한숨이 터져 나오지만 한두 시간이 지난 후에는 주님을 찬양하고 돌아가는 것입니다.

실제로 그 짧은 기도 시간에 무엇인가 바뀐 것은 없습니다.

그러나 가장 중요한 우리의 내면이 변화되는 것입니다. 저의 졸저 『말씀이 길이 되려면』(『나는 진짜인가』의 개정판)에서도 끊임없이 강조한 것처럼 중요한 것은 문제의 해결이 아니라 존재의 변화입니다. 이것이 바로 하나님의 나라와 뜻을 이루는 것이며, 기도의 가장 놀라운 목적지가 됩니다.

저는 우리가 기도를 시작할 때, 성령님께서 도우신다고 확실히 믿습니다. 처음에는 불평할 수도 있고 눈물이 날 수도 있습니다. 아니, 어떤 때는 무슨 기도를 해야 할지도 모를 때가 많습니다. 하지만 포기하지 않고 주님 앞에 자신의 사정을 아뢰고 삶을 맡기면서 우리의 기도는 점차 바뀌어 갑니다.

나의 뜻에서 그분의 뜻으로 바뀌어 가고, 나의 욕망에서 주님의 갈망으로 바뀌어 가며, 내가 살고 주님이 죽으시던 길에서 내가 죽고 주님이 사시는 길로 이동해 갑니다. 놀라운 것은 바로 그 기도에서 성령님께서 매우 자연스럽고 이따금씩 극적으로 우리의 기도를 이끌어 가신다는 것입니다. 그래서 누군가가 기도를 가장 분명하고 시원하게 정의해 달라고 한다면, 저는 이렇게 말하고 싶습니다.

"기도란 바로 기도다."

하나님께서 자신에 대해 이렇게 말씀하셨습니다. "나는 나다!" 모세가 하나님께 누구신지 여쭙자, 그분은 "나는 스스로 있는 자다"고 말씀하셨습니다. 이것은 히브리어로 "나는 나다"는 말입니다. 하나님을 다른 것으로 표현하기 어렵기 때문이 아니라 그분은 다른 것으로 치환될 수 없기 때문입니다. 기도도 그래야 한다고 생각합니다. 기도란 기도가 되어야 합니다. 기도는 그래서 기도인 것입니다.

기도란 나의 소원을 이루는 요술램프의 지니도 아니고 복권도 아니며 남에게 보이기 위한 상장이나 무기도 아닙니다. 기도는 철저히 하나님의 손에 붙잡혀 그 기도를 통해 그분이 하시고자 하는 일이 온전히 이루어지는 것, 동시에 그분이 원하시지 않는 일이 절대로 이루어지지 않는 것을 말합니다. 그래서 기도는 바로 기도가 되어야 합니다.

물론 이런 기도가 이루어지기 위해서는 단순히 우리 육신의 부족함을 위한 짧은 기도만으로는 충분하지 않습니다. 뒤에서 말씀드리겠습니다만, 이렇게 되기 위해서는 시간과 에너지를 투자해서 더 깊은 기도로 들어가야 합니다. 그래서 저는 성도들에게 자주 이런 말을 합니다.

"기도가 안 될 때는 더 기도해야 하는 날입니다. 기도하기 싫은 날이 가장 기도해야 하는 날이기도 합니다. 그때 우리는 우리 힘으로 하는 기도가 아니라 하나님께서 가장 기뻐하시는 기도를 할 수 있습니다."

여기서 정리를 하고 넘어가겠습니다. 기도는 우리 자신을 거룩한 존재로 강건하게 변화시키며 우리가 속한 가정과 직장과 교회와 모든 삶의 자리를 축복하는 것입니다. 내면적으로는 그리스도의 성품을 부어 주시며, 외면적으로는 그리스도의 능력을 부어 주십니다. 무엇보다 기도라는 놀라운 방식과 통로를 통해 하나님의 뜻을 이루게 됩니다.

잠시만 생각해 보십시오. 이 세상을 창조하신 하나님, 우주에서 가장 선한 뜻을 가지신 하나님, 이 세상을 위해 가장 귀한 일을 하실 수 있는 하나님, 바로 그 하나님의 뜻과 나라가 이루어지는 것보다 더 중요한 것이 있을까요? 하나님의 뜻과 나라가 이루어지는 가장 강력한 통로가 기도입니다. 그런데도 기도를 안 한다는 것은 하나님의 뜻과 나라가 이루어지는 것 말고 다른 것이 이루어지기를 바란다는 말인데, 그렇다면 그것이 지옥 말고 무엇이란 말입니까? 저는 그런 인생을 상상하기도 두렵습니다.

어떻게
기도해야 할까요?

***

아마 이 부분을 많은 독자들이 가장 궁금해할 것 같습니다. 기도를 하고 싶은 사람도 있고, 기도를 깊이 오래 하고 싶은 사람도 있습니다. 정말 기도다운 기도를 하고 싶은 사람도 많습니다. 응답받는 기도를 하고 싶고, 히스기야나 바울처럼 역사에 길이 남을 기도를 하고 싶을 것입니다. 그러나 정말 중요한 것은, 결국 우리의 만족을 채우는 기도가 바른 기도가 아니라 하나님의 나라와 뜻을 구하는 기도가 바른 기도이며, 우리의 감정과 기분만 채우는 기도가 진짜 기도가 아니라 하나님의 마음에 합한 기도가 참된 기도라는 사실입니다.

하지만 막상 기도하고자 마음을 먹어도 기도를 어떻게 해야 할지 모르는 분들을 위해 실제적인 도움을 드리고자 합니다. 여기서 꼭 하나 짚고 넘어가야 할 것이 있습니다. 제가 제안하는 기도의 방법은 철저히 개인적인 고백일 뿐이며, 완전한 지침은 아니라는 것입니다. 사람과 사람이 대화하는 방식에 수천수만 가지의 방식이 가능하듯이, 하나님과 대화하는 기도라는 이 신비에도 수없이 다양한 방식이 있습니다. 다만 제가 먼저 걸어가 본 그 길을 소개하는 것일 뿐입니다. 그러므로 제가 제안하는 몇 가지 방법 가운데 옳고 적절하다고 생각하는 것을 취하셔서서 자신의 것으로 삼고 그보다 더 나은 방향으로 이끌어 간다면 좋겠습니다.

포도를 먹는 사람을 생각해 보십시오. 자신이 포도를 어떻게 먹는지 생각해 보시면 더 좋겠습니다. 포도와 씨는 물론이고 껍질까지 우적우적 씹어 먹는 사람이 있고, 포도 씨 한 알까지 모두 해부해서 과육만 먹는 사람이 있습니다. 누구는 포도를 먹었고 누구는 포도를 안 먹은 것이 아닙니다. 다양한 방식으로 포도를 먹듯, 우리의 기도 방식도 매우 다양합니다.

자신의 특별한 기도 방식만이 진리라고 주장하거나 나머지 기도 방식을 폄훼하는 것은 미성숙한 태도입니다. 바울이 고린도전서 7장 25절에서 말한 것처럼 "주의 자비하심을 받아서 충성스러운 자가 된 종이 의견을 말한 것"이라는 점만 고려

하고 보시면 좋겠습니다. 다만 바울처럼 저 역시 "하나님의 영을 받은 줄로 생각하며"(고전 7:40) 부족한 제안을 드립니다.

기도를 시작하기 전에

밥을 먹기 전에 손을 씻어야 하듯, 수술을 하기 전에 장비를 소독해야 하듯, 기도도 적절한 준비를 하고 시작해야 합니다. 그 준비란 기도에 대한 기도자의 태도입니다. 성도가 기도를 시작하기 전에 가져야 할 태도는 설교자가 설교를 하기 전에, 그리고 설교를 준비하면서 갖는 태도와 크게 다를 것이 없습니다. 스무 살 때부터 설교를 시작해서 지금까지 23년간 거의 매주 설교를 하기 위해 제 인생의 가장 많은 시간과 에너지를 투자하면서 제가 갖는 한 가지 중요한 태도는 이것입니다.

"바르게 선포되고 전달된 하나님의 말씀은 반드시 사람을 변화시킨다는 믿음입니다."

기도도 마찬가지입니다. 우리는 기도를 시작하기에 앞서 기도에 대한 믿음을 가져야 합니다. 기도하는 자신을 믿으라는 말이 아닙니다. 우리에게 기도를 주신 하나님을 믿으라는 말입니다. 기도를 통해서 내가 원하는 대로 이루어지지 않더라도 기도가 가진 위대한 힘과 가치를 믿고 시작해야 합니다.

어떤 설교자가 자신이 아무리 말씀을 전해도 아무 변화가 없을 것이라 확신하고 설교 사역을 한다면, 그가 하는 설교는 힘이 없고 능력이 없을 것입니다. 기도자도 마찬가지입니다. 기도모임에 가고, 기도의 자리에 앉고, 기도를 시작하려고 하면서도 기도에 대한 믿음이 없다는 것은 참으로 안타까운 일입니다.

우리는 무엇보다 "기도 자체에 대한 믿음"을 가져야 합니다. 우리가 기도를 믿는다는 것은 바로 기도라는 방식을 주신 하나님을 믿는다는 것입니다. 그래서 기도를 하나님께 맡길 수 있게 됩니다. 그러므로 기도가 없는 사람은 대다수 하나님에 대한 믿음도, 하나님께 자기 삶을 맡기는 것도 불가능합니다.

어떤 영화의 카피가 기억납니다. "당신이 상상하는 것, 그 이상을 보게 될 것이다"라는 카피입니다. 기도는 정말 "우리가 기대하는 것, 그 이상을 경험하게 할 것"입니다. 그러므로 우리는 무엇보다 기도를 주신 하나님을 믿고 기도해야 합니다. 기도에 대한 믿음이 있을 때 우리는 겸손하면서도 간절한 마음으로, 기대하면서도 담대한 마음으로 주님의 보좌 앞에 나아갈 수 있습니다. 그리고 그 어떤 기도의 응답이나 결과에도 감사할 수 있게 될 것입니다.

아울러 기도하기 전에 우리에게 필요한 아주 중요한 요소가 거룩입니다. 앞서 살펴본 것처럼 기도를 통해 우리가 거룩해지지만(살전 4:4) 기도하기 전에도 우리는 거룩해야 합니다. 마태복음 5장 23-24절에 보면, 주님께서 제단에 제물을 놓고 예배드리기 전에 먼저 형제와 화해하고 오라고 하신 것은 그만한 이유가 있기 때문입니다. 생각해 보십시오. 누군가와 대화를 나누기 시작했는데 입 냄새가 심하게 난다면 그 사람과 오래 대화하기란 쉽지 않을 것입니다. 하물며 영적인 기도의 거룩한 향기는 더 중요하지 않겠습니까!

물론 하나님께서는 거룩하지 않은 사람의 기도도 기꺼이 들어 주시는 분입니다. 그러나 우리가 주님과 깊고 의미 있는 대화를 계속 나누기 원한다면 먼저 거룩에 신경 써야 합니다. 하나님의 수준만큼 완전무결한 거룩을 갖추라는 말이 아닙니다. 최소한 지나간 삶과 지금의 현실 속에서 자신이 분명하게 깨닫게 되는 죄를 회개하고 고치는 일은 기도를 시작하기 전에, 그리고 기도를 시작하면서 반드시 선행되어야 하는 과정이라는 말입니다. 물론 이런 회개의 기도는 기도의 시작이기도 합니다.

아울러 기도자는 기도 앞에서 진실해야 합니다. 환부가 드러나야 치료가 시작되듯, 주님 앞에 진실해야 치유가 시작됨니다. 우리는 참으로 바리새인들처럼 가식적으로 기도할 때가 많습니다. 특히 교회에서 대표기도를 하거나 많은 사람이 모인 기도모임에서 기도를 이끌 때, 우리의 기도가 전혀 진실하지 않은 경우를 너무나 자주 보게 됩니다. 이런 사람들은 기도를 하고 있는 것인지 기도를 이용하고 있는 것인지 모르겠습니다. 다시 말해서, 자신이 아는 것을 남에게 과시하거나 남을 꾸중하고 가르치려고 기도라는 통로를 자기 마음대로 도용하는 사람들이 있습니다.

기도는 사람을 향하여 하는 것이 아닙니다. 철저하게 하나님을 향하고 있어야 합니다. 기도는 하나님 앞에서 두렵고 떨리는 마음으로 시작하는 것입니다. 그러므로 진실하고 솔직해야 합니다. 화려한 미사어구로 듣기 좋은 기도를 해야 하는 것이 아니라 분명하고 솔직한 기도를 해야 합니다. 저는 세상에서 기도의 언어만큼 투명하고 맑은 것이 없다고 생각합니다.

시편의 기도들 가운데 이따금 고개를 갸우뚱하게 할 만큼 난처한 내용이 많지만(예를 들어 시편 3편처럼 원수의 이빨을 부수고 턱을 날려 달라고 할 때) 그 이야기들을 조금만 깊게 들여다보면 시인들이 하나님 앞에서 어린아이처럼 순수하고 죽음을 앞둔 사람처럼 진실하게 고백하고 있는 것을 보게 됩니다. 바로 거기서 진짜 기도가 시작되는 것입니다.

이제 본격적인 기도를 시작하기 위해 가장 먼저 해야 할 일은 시간과 장소를 정하는 일입니다. 많은 성도들이 기도는 어느 시간이나 어떤 장소에서든지 할 수 있다는 것을 잘 알고 있습니다. 성경은 우리에게 쉬지 말고 기도하라고 말씀합니다. 즉 시간과 장소에 구애받지 말고 늘 기도에 힘쓰라는 것입니다.

하지만 기도를 시작하는 사람들이 종종 실패하는 아주 큰 문제가 하나 있습니다. "저는 늘 수시로 기도하려고 합니다"라는 말이 대다수 "사실 저에겐 특정한 기도 시간이나 장소는 없습니다"와 동일한 결과가 되기 때문입니다. 정해진 운동 시간이 없으면 결국 운동을 규칙적으로 하기 힘들 듯이, 수시로 기도한다고 말하는 성도도 실제로 그 삶을 보면 기도의 규칙성이나 집중력이 없는 경우가 많습니다.

당신이 변화되고 싶다면, 바로 지금 기도 시간과 장소를 정하기 바랍니다. 이른 아침 시간이면 좋겠지만, 그렇게 할 수 없는 사람도 있으니, 밤늦은 시간이나 하루 중 가장 고요한 시간을 택하여 기도 시간을 정하는 것이 좋습니다. 할 수 있으면 자신에게 가장 소중한 시간을 하나님께 드리는 것이 좋습니다. 주님께 귀한 것을 드리는 자가 주님께로부터 귀한 것을 받는 것은 당연한 이치입니다.

물론 이 책은 기도에 대한 이야기에 집중하고 있으나, 그 시간에 말씀을 읽고 기도를 같이 하면 더 좋을 것입니다. 조금 더 욕심을 낸다면, 말씀을 읽고 기도한 후에 한 사람에게라도 전도를 한다면 더더욱 좋을 것입니다.

성경을 보면, 여호수아는 모세와 함께 기도하는 시간과 장소가 있었고, 다니엘도 하루 세 번 자기 방에서 예루살렘을 향해 난 문을 열고 기도했다는 것을 알 수 있습니다. 이들에게 기도 시간과 장소가 정해져 있었음을 보게 됩니다. 베드로도 정기적인 오후 기도 시간을 지켜 성전에 올라갔고 바로 그때 성전 문에 앉아 있던 장애인을 고칠 수 있는 기회가 열렸다는 것은 우리 모두가 알고 있는 사실입니다. 다만 우리는 여호수아가 겪은 위기에 백분의 일도 안되고 다니엘이 당한 위협에 천분의 일도 안되는 삶을 살면서도 기도할 시간을 내지 않고 기도할 장소를 마련하지 않고 있습니다. 이 글을 그냥 읽고 지나가면 안 됩니다. 지금 당장 자신이 기도할 시간과 장소를 정하기 바랍니다.

바울은 어디를 가든지 기도할 장소를 찾았습니다. 위대한 하나님의 사람들은 기도의 장소와 시간을 매우 중요하게 여겼습니다. 저도 교회를 찾을 때마다 가장 먼저 점검하는 것이

'이 건물에서 크게 소리를 지르며 기도해도 괜찮은가?'입니다. 예수님도 늘 기도하시던 장소가 있었습니다. 가롯 유다가 그 장소를 알았기에 어두운 밤중에 주님을 찾아서 무리에게 넘겨주었던 것입니다.

물론 수시로 기도하고 언제든 기도해야겠지만, 기도를 시작하는 사람에게 정해진 시간과 장소는 매우 중요합니다. 비록 거기서 잠을 자는 한이 있더라도 그 장소를 지키고 그 시간을 지키는 것이 바른 기도를 시작하는 흔들림 없는 기초석이 될 것입니다.

첨언하여, 정해진 기도 시간과 장소를 지키는 삶은 육체적으로도 매우 커다란 유익을 줍니다. 왜냐하면 그 시간과 장소를 지키기 위해 우리의 삶을 항상 규칙적이고 절제 있게 유지하기 때문입니다. 지난 10년간 담임 목회자가 된 이후, 매일같이 규칙적으로 주어지는 예배와 설교를 감당하기 위해 항상 기도 시간과 장소를 지키는 것은 정말 힘든 일이었지만 그렇게 기도 시간과 장소를 지킨 것이 저의 영적인 건강과 사역에 큰 도움이 되었습니다.

시간이 흐르면서 저는 제가 기도 시간과 장소를 지킨 것이 아니라, 기도 시간과 장소가 저를 지켜 주었다는 것을 고백하게 됩니다. 오래전 기도의 선배님이 말씀해 주신 것처럼 "규칙적으로 기도하려면 어느 정도의 희생을 각오해야 하지만, 기도하지 않는다면 엄청난 희생을 각오해야만 할 것입니다."

삼위일체적인 기도

기도의 시작 : 성부 하나님

기도 시간과 장소를 정했다면, 이제 기도를 본격적으로 시작해야 합니다. 그런데 막상 기도하려고 하면 무슨 말부터 해야 할지 떠오르지 않는다고 말하는 사람들이 많습니다. 하지만 누구나 그렇습니다. 악기를 처음 배울 때처럼, 외국어를 처음 배울 때처럼 두려움을 갖지 말고 시작해 봅시다.

기도의 시작은 당연히 '하나님의 이름을 부르는 것'입니다. 물론 이것이 기도라는 문을 여는 무조건적인 의무는 아닙니다. 하지만 기도는 대화이고 인격적인 존재이신 하나님과의 소통이라고 볼 때, 우리는 기도의 대상에 대한 진실한 부름이 있어야 합니다.

사람마다 다양하겠지만, 저는 "하나님 아버지" 정도가 가장 적당하다고 봅니다. 예수님께서 가르쳐 주신 기도도 "하늘에 계신 우리 아버지"로 시작됩니다. 물론 사람마다 하나님의 이름 앞에 다양한 수식어를 붙일 수 있을 것입니다. 사랑하는 하나님 아버지, 은혜가 풍성한 하나님 아버지, 살아 계신 하나님…. 중요한 것은 우리가 기도를 드리는 명확한 대상을 직시하고 그분이 내 기도를 들으신다는 것을 믿으며 그분의 이름을 부르는 것이라고 생각합니다.

그래서 저는 기도의 시작은 성부 하나님께 초점을 맞추는 것이 되어야 한다고 제안합니다. 물론 이 기도의 시작이 단순히 하나님의 이름을 한 번 부르는 것으로 끝난다고 생각하지는 않습니다. 시편을 한 편씩 읽는 것도 좋다고 생각합니다. 시편에 고백된 하나님의 이름을 우리도 함께 불러 보는 것입니다. 또한 짧은 찬송도 좋습니다(물론 시편 자체에 찬송이 담긴 것도 있습니다). 하나님의 이름을 부르는 은혜로운 찬송가나 복음성가가 많이 있습니다.

그분의 이름을 높이고 그분을 환영하는 찬양이나 시나 고백은 모두 하나님의 이름을 부른다는 큰 흐름 속에서 좋은 기도의 시작이 될 것입니다. 기도자가 마음을 열고 내 앞에 계신 주님의 임재를 생각하며 그분을 부르고 찬양하고 또한 고백함으로써, 오늘 내 마음대로 하고 싶은 말만 하는 것이 아니라 내 앞에 실존하신 하나님을 인정하고 그분께 말을 걸며 그분과 친밀하게 대화한다면 기도는 쉽게 시작될 것입니다.

기도의 마무리 : 성자 예수님

이제 기도의 마무리를 살펴보겠습니다. 기도의 중간 부분을 다루지 않고 왜 갑자기 마지막 부분을 다루는지 궁금하신 분들은 조금만 기다려 주시면 좋겠습니다. 이후에 기도의 몸통을 다룰 것입니다. 기도의 시작만큼 중요한 것이 기도의 마지막이기 때문입니다. 실제로 기도의 시작보다 기도의 마지막을 어려워하는 사람들이 많습니다. 우리 십자가교회를 개척하고 나서 한 집사님이 대표기도를 하셨는데 화려한 기도를 마무리할 즈음, 그 기도를 어떻게 끝내야 할지 몰라서 갑작스럽게 "하나님 만세!"를 외치고 마친 적도 있습니다.

기도의 마무리는 통상적으로 "예수님의 이름으로 기도합니다. 아멘"으로 하는 것이 좋습니다. 물론 개인기도를 할 때는 꼭 이렇게 마무리를 하지 않아도 괜찮지만, 두 사람 이상이 모였을 때는 이렇게 마무리를 하는 것이 가장 자연스럽고 교회 전통에서도 익숙합니다. 물론 예수님의 이름 앞에 많은 수식어를 붙일 수도 있습니다. 하지만 우리의 기도가 누구를 통해 이루어지고 있는지를 명확하게 인식하며 기도를 마무리하는 것이 매우 중요합니다. 어떤 성도는 자신이 "예수님의 이름으로 기도합니다"라고 마무리를 하지 않아서, 그 기도가 상달되지 않은 것으로 오해하기도 하는데, 그런 것은 아닙니다.

이 부분에 대해 조금 더 깊이 들어가 봅시다. 모든 기도를 예수님의 이름으로 마무리를 해야 한다는 의미는, 기도 끝에 가서 "예수님의 이름으로 기도합니다"라는 형식적인 어구를 넣는 것보다 더 큰 의미가 있습니다. 그것은 "예수님의 이름에 합당하게 기도"한다는 것입니다. 우리가 아무리 이런저런 것을 요구하는 기도를 할지라도 예수님의 이름으로 기도한다는 것은 예수님 이름의 거룩함과 진실함과 뜻에 합당하게 이루어지기를 원한다는 것입니다. 그렇게 되어야 한다는 고백이며 인정입니다.

이것은 더 나아가 우리가 드린 기도가 예수님의 이름에 합당하게 수정되기도 하고 심지어 거절되어도 좋다는 말입니다. 당연히 그래야 합니다. 우리는 중보자 되시는 예수님의 이름을 거름망으로 사용하고 바로미터로 사용하여 우리의 기도가 참된 기도가 되기를 고백하며 마침표를 찍어야 합니다. 아울러 그렇게 주님의 이름으로 기도했다는 것은 이 기도의 내용에 포함된 모든 것을 철저히 맡기는 것을 뜻합니다. 우리는 하나님께 드린 기도를 염려하지 않으며 다시 싸서 집으로 가져가지 않습니다. 예수님의 이름에 합당한 기도는 우리 기도의 결과를 모두 예수님께 맡기는 것입니다.

성부 하나님을 인격적으로 부름으로 기도를 시작하고, 성자 예수님의 이름으로 기도를 마무리해야 한다면, 기도의 몸통이라고 할 수 있는 기도의 내용에는 당연히 성령 하나님이 계셔야 합니다. 이것은 기도의 중간에 해당하는 내용이, 성령님의 인도를 받는 기도가 되어야 한다는 말입니다. 그래서 결국 삼위일체적인 기도가 되는 것입니다.

물론 기도를 할 때 성부 하나님의 이름으로 시작하고, 성자 예수님의 이름으로 마무리하면서도 기도의 중간 내용은 온통 우리 육신의 욕망으로 가득 찰 수도 있습니다. 그러므로 우리의 기도가 정말 기도다운 기도로 성장하려면 성령님께서 주시는 감동과 성령님께서 주시는 기도제목으로 기도할 수 있도록 기도 시간을 온전히 성령님께 의지해야 합니다.

물론 이것은 논리적으로 쉽게 설명할 수 있는 내용은 아닙니다. 하지만 쉽게 설명하자면, 우리가 사랑하는 사람과 데이트를 할 때 상대방의 표정과 마음과 입장을 헤아리며 이야기도 하고 장소도 옮기고 심지어 침묵하면서 시간을 보내는 것처럼, 우리가 하나님께서 원하시는 내용으로 기도하며 성령님을 의지하고 성령님의 도우심을 구하면서 차츰차츰 우리의 기도가 단순히 원망이나 불평이나 위협이 아닌, 기도다운 기도로 성장해 나갈 것을 기대하게 됩니다.

그렇게 하기 위해서 저는 개인적으로 "성령님, 무슨 기도를 할까요?" 하고 기도 중간에 자주 여쭤 봅니다. 물론 그때마다 하나님의 음성이 직접 들리는 것은 아닙니다. 그러나 저는 기도가 저의 욕망이나 일방적인 주장으로만 흘러가지 않도록 이 오래된 습관이 훌륭하게 잡아 주었다고 고백하게 됩니다.

그러므로 기도 중간에 수시로 하나님께 자신의 마음과 생각을 넘겨드려서 성령님께서 회개하기를 바라시는 것이 있다면 회개하고, 구하기를 바라시는 것이 있다면 구하고, 중보하기를 바라시는 사람이 생각나게 한다면 중보하면서 기도 시간을 보내는 것이 좋다고 생각합니다. 그래서 이런 기도를 하려면 조급함을 버리고 마음의 여유를 가져야 합니다. 이따금 성령님께서 기도제목을 주시지 않을 때는 조용히 그분 앞에서 기다리는 것도 좋은 기도입니다.

이 기도의 중간에 해당하는 구체적인 내용은 다음 장에서 자세히 다루게 될 것입니다. 아무튼 기도의 내용을 성령 하나님께 맡기고 의지하며 예민함 가운데 기도하다 보면 내가 하고 싶은 말로 가득 찬 기도 시간이 아니라, 성령님과 교제하고 그분의 감동을 따라 크고 넓고 깊은 기도로 들어갈 수 있는 것은 분명합니다.

로마서 8장 26절에서도 "성령이 말할 수 없는 탄식으로 우리를 위하여 친히 간구하신다"고 하셨으니 우리가 성령님의 탄식에 맞춰 기도할 수 있다면 가장 좋은 기도가 될 것입니다. 쉽게 말해, 성령님께서 마음에 감동을 주시는 기도를 따라서 진행하는 것입니다.

물론 이런 기도를 처음부터 할 수 있는 것은 아닙니다. 처음에는 종이나 기도 노트를 준비해서 오늘 내가 기도해야 할 내용을 적어 보는 것도 좋습니다. 기도 시간에 꼭 불을 끄고 눈을 감아야만 진정한 기도를 하는 것은 아니기에 하나님 아버지의 이름을 부르고 성령님께 지혜를 구하며 무슨 기도를 해야 할지, 어떤 기도가 하나님의 나라와 뜻을 먼저 구하는 것일지를 적어 가며 기도하는 것도 구체적인 방법 중 하나일 것입니다.

결국 바른 기도는 성부 하나님, 성자 하나님, 그리고 성령 하나님을 중심으로 한 기도입니다. 이 기도를 통해 우리는 성부 하나님께 초점을 맞춘 기도를, 성자 예수님의 이름에 합당한 기도를, 성령 하나님의 감동과 인도하심에 동역하는 기도를 드릴 수 있습니다.

무엇을
기도해야 할까요?

*** ***

급한 것보다 중요한 것을 기도하라

인생에서 급한 것만 하다 보면, 정작 중요한 것을 하지 못하게 됩니다. 오히려 우리가 중요한 일들을 잘 해내면, 삶의 어느 순간에 급한 것들이 그리 많이 발생하지 않는 것을 보게 됩니다. 저는 하루를 시작할 때, 항상 그날 해야 할 일들을 적습니다. 그 목록의 첫 번째에 언제나 기도와 말씀이 있습니다. 다시 말해서, 중요한 것부터 목록의 우선순위를 차지한다는 말입니다.

우리 대다수는 문제가 생기면 그것을 해결하기 위한 도구로 기도를 급하게 사용합니다. 그러다 보니, 우리는 기도를 중요한 것으로 다루지 않고 기도의 내용이나 방식도 정기적으로 먹어야 하는 음식이 아니라 위급한 상황에서 복용해야 하는 약처럼 취급합니다. 이것은 우리가 병든 사람이라는 것을 분명히 보여 주는 아픈 현실입니다.

건강한 사람은 늘 밥을 잘 먹어야 하듯, 영적으로 건강한 사람도 기도가 생명의 양식이 되어야 합니다. 급한 문제를 해결하기 위한 도구가 아니라 생명의 양식으로서 기도의 습관과 내용이 채워져야 합니다. 당장 삶의 현실 앞에 떨어진 문제들만 해결되기를 바라다 보니 우리의 기도는 언제나 자기중심적이며 욕망적입니다. 설령 그러한 욕망이 채워진다고 해도 우리는 그것으로 만족하지 못하고 더 자기중심적이고 욕망적인 인생으로 추락하게 됩니다. 광야에서 메추라기를 구한 이스라엘 백성을 생각해 보십시오. 그들은 문제만 해결되었지 존재 자체가 변화되지 않았습니다.

그러나 우리가 기도의 내용을 중요한 것들로 바꾸기 시작하면 우리의 삶이 달라집니다. 중요한 것을 중심으로 하는 기도는 늘 하나님 앞에 자신의 과거를 돌아보고 회개하는 기도이고, 현재 삶에서 하나님께서 하시고자 하는 일을 자신이 할 수 있도록 도움을 구하는 기도이며, 하나님께서 원하시는 소명과 사명을 이룰 수 있도록 자신의 미래의 방향과 인도를 구하는 기도입니다. 이런 기도가 계속 되면서 "먼저 그의 나라와 그의 의를 구하는 기도"가 우리 속에서 자연스럽게 시작되는 것을 보게 됩니다(마 6:33).

지금 종이를 꺼내서 자신의 기도제목 가운데 진정 중요한 것들과 단순히 급하기만 한 것들을 잘 구분해 적어 보십시오. 물론 이것이 선명하게 나눠지지는 않을 것입니다. 그러나 점차 우리의 기도는 급한 것보다 중요한 것으로 흘러가야 합니다. 그것이 건강한 기도이기 때문입니다. 건강한 기도는 건강한 성도를 만들고, 병든 기도는 병든 성도를 만듭니다.

구체적인 내용을 가지고 기도하라

이따금 청년들에게 "제가 무엇을 위해 기도하면 좋을까요?" 혹은 "무엇을 위해 기도해드릴까요?"라고 기도제목을 물으면, "세계 평화를 위해서요"라고 대답하거나 "모두가 다 잘되게요"라고 말하는 사람이 있습니다. 이런 사람들은 식당에 가서 "뭐 먹을래?"라고 물어보면 꼭 "아무거나"라고 대답하는 사람들입니다. 세계 평화나 모두가 잘되는 것이 나쁜 기도제목이라는 말이 아니라, 보통 그런 기도제목을 가진 사람들은 구체적인 기도가 없는 사람들이 대다수라는 말입니다. 우리의 기도는 좀 더 구체적이 되어야 합니다. 이것은 하나님께서 하실 일을 사사건건 간섭하자는 말이 아닙니다.

우리의 기도가 구체적이 되려면 기도하기 전에 기도할 내용을 더 알아봐야 합니다. 특히 중보기도의 경우, 누군가를 위해 기도하고자 한다면 그 사람의 상황을 잘 알아야 합니다. 위정자들을 위해 기도하고자 한다면 대통령은 물론이고 자신이 살고 있는 지역의 도지사나 시장이 누구인지 찾아보는 수고를 해야 합니다. 성도들이나 사역자들을 위해 기도할 때도 그들의 상황을 최대한 알아보고 점검해야 합니다. 제가 이런 제안을 드리는 이유는, 이런 과정 속에서 우리가 진정한 애정과 사랑을 담아 기도할 수 있기 때문입니다.

선교학과 출신인 저는 선교사들을 위해 많이 기도합니다. 그런데 어떤 선교사는 기도제목이 너무 추상적입니다. 자기 삶을 나누지도 않습니다. 그러니 기도를 시작하면 정말 무엇을 기도해야 할지 모르겠습니다. 큰 그림을 가지고 뭉뚱그려 기도할 뿐입니다.

하지만 전화도 하고 이야기도 나누는 친구 선교사들의 삶을 하나하나 생각하면 기도하면서 눈물도 나고 그 상황이 상상이 되어서 진심으로 기도하게 됩니다. 그래서 선교사들을 후원하는 교회들은 한 번 정도는 선교지로 직접 가서 보아야 합니다. 선교지의 상황과 현실을 알고 교회에서 그 마음을 품고 기도할 때, 절실하고 간절한 기도를 하게 됩니다.

그러므로 우리는 선교사들의 기도제목만이 아니라, 모든 사람들의 기도제목에 사랑과 애정을 갖고 각 상황을 보면서 기도해야 합니다. 무엇보다 이 상황 속에서 하나님께서 어떤 부분을 기도하기 원하시는지 물어보며 기도해야 합니다. 상세한 내용을 다 알고 하나님께 말씀드린다고 해서 그대로 되게 해달라는 뜻은 아닙니다. 우리가 상세하게 주님께 고하는 이유는 그분이 모르고 계시기 때문이 아닙니다. 그 상황 속에서 하나님께서 구체적으로 역사해 주시기를 바라기 때문입니다. 구체적인 기도는 구체적인 열매를 맺습니다.

교회를 위해 기도하라

오래전부터 세상 사람들은 교회에 대해 부정적이었습니다. 심지어 교회에 다니고 있는 사람들조차 교회에 대해 부정적입니다. 그러나 이 사실을 알아야 합니다. 한 남자의 자녀는 '자신의 아내를 통해서만' 태어난다는 것입니다. 그 아내가 아무리 못생긴 여자라 할지라도 말입니다. 교회는 신랑되신 예수 그리스도의 영적인 신부입니다. 그 신부가 아무리 좋지 않은 상황이라도 하나님께서는 교회를 통해 역사하십니다.

저는 성도들이 자꾸만 교회를 떠나 기도원이나 다른 단체에서 신앙생활을 하는 것이 그리 바람직하지는 않다고 생각합니다. 물론 우리는 특별한 기도의 시간이나 영적 배움이나 성장을 위해서 다른 장소에서 충분히 기도할 수 있습니다. 그러나 우리는 다시 집으로 돌아와야 합니다. 교회가 바로 그 집입니다. 하나님께서는 교회를 세우셨고 교회를 통해 일하고자 하십니다.

그러므로 우리는 무엇보다 교회를 위해 기도해야 합니다. 많은 사람이 나라를 위해 먼저 기도해야 하는 것이 아니냐고 반문할지도 모르겠습니다. 그러나 저는 나라보다 교회가 먼저라고 생각합니다. 저는 지금 교회를 하나의 건물을 가진 어떤 지역교회로서 말하는 것이 아닙니다. 하나님의 거대한 몸의 지체로서 지금 바로 여기서 역사하시는 하나님의 통로를 말하는 것입니다. 저는 전도하러 가면서 교회가 보일 때마다 그 교회와 목사님, 그리고 성도들을 위해 기도합니다.

우리는 정말 교회를 위해 기도해야 합니다. 왜냐하면 오늘도 사탄이 공격하는 제1의 목표가 교회이기 때문입니다. 사탄은 하나님의 몸된 교회를 공격해서 부정적인 이미지로 만들고, 작은 추문들을 크게 만들어서 교회를 무시하게 만들며, 교회를 쇼핑몰이나 사교장으로 만들려고 합니다.

제가 가슴을 칠 정도로 마음이 아픈 것은 '성도들이 가장 많은 상처와 고통을 받는 곳이 다름 아닌 교회'라는 사실입니다. 사탄은 세상 사람들이 아니라 성도들로 하여금 교회에 대한 불신감으로 가득 차 교회로 나오지 못하게 하고, 교회에 나온 성도들도 서로 분쟁하거나 무가치한 것들에 휩싸이게 하여 교회를 종교 활동을 하는 공간으로 변질시키려고 합니다.

성도 스스로 교회에 대한 사랑과 기대를 포기하고 있습니다. 그러므로 우선 교회가 회복되어야 합니다. 우리는 교회를 위해 기도해야 합니다. 내가 교회에서 무엇을 받을까만 생각하지 말고, 내가 교회를 위해 무엇을 기도하면 좋을지 생각해 보십시오. 그러면 성령님께서 많은 기도제목을 알려 주실 것입니다. 목사님께 기도제목을 물어보고 여러 성도들을 만나 기도제목을 물어보십시오. 그러면 우리가 기도해야 할 것이 정말 많음을 알게 될 것입니다. 또한 기도모임을 만들어서 기도하고, 구체적인 섬김을 시작할 때와 끝낼 때도 기도하면 좋겠습니다. 기도신문을 만들고 함께 모일 때마다 교회를 위해 기도하기 바랍니다.

특별히 작은 교회의 담임목사로서 간절히 부탁드릴 것이 있습니다. 여러분 교회의 목사님과 지도자들을 위해 기도해 주십시오. 그들은 늘 공격에 노출되어 있고, 실수할 수밖에 없는 나약한 사람입니다. 교회의 중직자들을 위해 기도해 주시길 부탁드립니다. 교회에서 크고 작은 사역을 감당하는 사람들을 위해 기도해 주십시오. 예배의 은혜 안으로 들어오기가 쉽지 않은 반주자, 음향이나 영상으로 섬기는 사람, 주차장이나 식당에서 봉사하는 사람, 임산부나 몸이 불편한 사람, 어린 자녀를 두어서 예배에 집중하기 어려운 사람들을 위해 기도해 주십시오.

예배에 참석하지 못하는 사람들과 결혼을 앞둔 청년들, 그리고 가정의 위기를 당한 사람들을 위해 기도해 주십시오. 말씀으로 오해를 하고 있거나 분쟁이 있는 성도들은 다른 것으로 해결할 수 없습니다. 그중에서도 믿음의 시련을 당하고 있거나 가족들이 아직 구원받지 못한 가정을 위해 우리는 눈물로 기도해야 합니다.

우리는 그리스도의 몸이라는 것을 하루라도 빨리 깨달아야 합니다. 몸의 일부가 건강하다고 몸 전체가 건강한 것이 아닙니다. 오히려 몸의 한 부분만 아프고 상해도 몸 전체가 고통을 당하게 됩니다. 그러므로 우리는 영적인 몸이 전부 건강하도록 기도해야 합니다.

그래서 함께 모여 기도하는 자리에 빠지지 말고 교회 전체가 아름다운 방향으로 나아가도록 늘 깨어서 기도해야 합니다. 웃고 떠드는 소리가 있는 교회도 참으로 살아 있는 교회겠지만, 기도하는 소리가 끊이지 않는 교회야말로 승리하는 교회일 것입니다.

세상을 위해 기도하라

우리만 잘 먹고 잘 살려고 예수님을 믿는 것이 아니듯, 우리만 잘되려고 기도하는 것이 아닙니다. 신앙은 단순히 천국 가는 티켓을 얻는 것이 아닙니다. 우리는 그보다 더 큰 그림을 보아야 하는 존재이고, 더 큰 이야기의 주인공입니다. 무엇보다 우리는 마지막 날에 이 땅을 폐기처분하고 하늘나라로 올라가는 것이 아니라, 저 하늘이 이 땅으로 내려온다는 것을 잊지 말아야겠습니다. 그러므로 우리는 기도를 통해 세상의 소금과 빛의 역할을 감당해야 합니다. 우리는 세상이 신음하는 큰 문제들을 놓고 함께 기도해야 합니다.

세상은 지금 전쟁의 위기와 테러, 가난과 부의 차등, 동성애와 역차별, 아울러 수많은 이단의 영적 공격 속에 있습니다. 이것이 문제라는 것을 깨닫고 있는 사람도 그리 많지 않습니다. 그러므로 우리가 깨어 기도해야 합니다. 이 세상은 다 불타 버릴 것이라고 생각하면 안 됩니다. 예수님께서 다시 오시는 날, 우리 각 사람이 받은 기도의 달란트를 결산하실 것입니다.

우리는 이 세상에 대해 두 가지 극단적인 태도에서 벗어나야 합니다. 하나는 세상의 모든 일에 사사건건 참여하여 데모하고 댓글을 달고 테러까지 하는 것입니다. 또 다른 하나는 세상에 전혀 관심을 갖지 않고 오직 개인의 영성에만 매달리는 것입니다. 저는 이 두 가지가 모두 위험하다고 생각합니다. 진짜 그리스도인은 이런 세상에서 강력한 긴장감을 갖고 깨어 세상을 위해 기도하는 사람입니다.

그러기 위해 우리가 가장 크게 초점을 맞춰 기도해야 할 대상은 무엇일까요? 저는 세상의 변화를 위해 우리가 기도해야 할 첫 번째 대상이요 가장 중요한 대상이 사람이라고 생각합니다. 사람이 바뀌면 모든 것이 변화되기 때문입니다. 제도도 사람이 만들고 기술도 사람이 만듭니다. 사람이 바뀌어야 한다는 것은 약간의 윤리나 철학의 변화가 아니라 영혼이라는 존재 자체에 변화가 일어나야 한다는 말입니다. 우리는 그것을 위해 기도해야 합니다. 그것이 바로 영혼 구원을 위한 기도입니다.

그저 교회에 나와서 주문처럼 신앙고백을 하고 구원의 확신도 없이 세례를 받은 후에 죽어서 천국 가는 것이 복음의 전부가 아닙니다. 교회에 나오지만 주님을 만나지 못하고, 주님을 만났지만 이 세상에서 하나님께서 주신 사명을 발견하지 못한 이들을 위해 기도해야 합니다. 그것이 바로 "기도 전도"라고 생각합니다. 우리 아버지들이 세상에서 하나님의 사람으로 자신의 사명을 감당하고, 우리 어머니들이 세상에서 하나님의 사람으로 자신의 역할을 감당할 때, 비로소 우리는 이 땅을 다스리시는 하나님의 통치를 보게 될 것입니다.

지금 당신을 고통스럽게 하고 힘들게 하는 사람이 있습니까? 그렇다면 제가 제안하는 기도 방법을 따라 해보십시오. 당신을 힘들게 하는 그 사람을 꼭 껴안는 상상을 해보십시오. 그것이 힘들다면 그 사람이 앞에 있다고 상상하며 그를 위해 기도하십시오. 그러면 기도가 진실해지고 절실해질 것입니다. 놀라운 사실은, 이렇게 세상과 영혼을 위한 기도가 깊어지면 깊어질수록 우리의 영혼도 주님을 닮고 그분의 마음으로 변화된다는 것입니다.

물론 우리는 자신을 위해 기도해야 합니다. 여기에 열거된 순서는 기도하는 순서가 아닙니다. 저는 제 자신을 위해 가장 많이 기도합니다. 제가 바로 서 있지 않다면 누구를 도와줄 수 있겠습니까? 그래서 저는 제 자신을 위해 나름대로 이런저런 기도를 해왔습니다. 이제 모든 사람을 도와줄 한 가지 방법을 제안해 보려고 합니다.

이것은 소위 '전신을 위한 기도'라고 할 수 있습니다. 말 그대로 머리부터 발끝까지 하나하나 기도하는 것입니다. 실제로 "자신을 위해 기도하라"고 하면, 많은 성도들이 무엇을 기도해야 할지 모릅니다. 이렇게 한번 기도해 보시길 바랍니다. 각자 자신의 머리부터 기도하기 시작하는 것입니다. 만약 머리카락이 얼마 없는 분이나, 탈모가 있는 분은 머리카락부터 기도하기 시작하십시오. 머리에 있는 뇌와 정신을 위해 기도합니다. 우리의 정신과 생각에 거룩한 것과 아름다운 것이 떠오르고 하나님의 생각으로 채워지게 해달라고 기도합니다.

또 우리 눈의 시력도 중요하지만 동시에 하나님의 눈이 되어 영적 시각을 갖도록 기도합니다. 귀도 마찬가지입니다. 세상의 소리도 잘 들어야 하겠지만 하나님의 음성도 들을 수 있는 귀가 되도록 기도합니다. 우리의 입술에서 사람을 살리는 말이 나오도록 기도합니다. 이런 식으로 성대와 목, 심장과 간, 폐와 위장을 위해 천천히 기도합니다.

손과 발을 위해 기도하며 배와 우리의 욕망을 위해서도 기도합니다. 건강한 성생활뿐만 아니라 거룩한 삶을 원한다면 생식기관을 위해서도 기도합니다. 육신의 질병이 있거나 어려움이 있는 부분도 기도하면서 우리 신체의 각 부분이 갖는 육체적인 영역뿐만 아니라 영적인 가치들도 공부하고 연구하면 매우 풍성한 기도제목들이 나올 것입니다.

우리의 자녀와 영적 자녀인 제자들에게도 동일하게 '전신을 위한 기도'를 할 수 있습니다. 저희 가정에는 아이들을 목욕시킬 때 신체의 부위 하나하나를 씻기며 하는 기도문이 있습니다.

이 기도를 통해서 우리는 모든 부분이 하나님께 속해 있고 연결되어 있음을 발견하게 되고 철저히 자신을 점검하게 될 것입니다. 아울러 우리 가족이나 이웃을 위해 피상적으로 기도하는 것이 아니라 정말 꼼꼼하게 기도할 수 있습니다.

마지막
조언들

**

이 짧고 부족한 기도의 책을 마무리하면서, 애정을 쏟아 몇 가지 잔소리 같은 조언을 드리고자 합니다. 가장 먼저 "기도를 다른 것으로 대체하지 말라"는 것입니다. 제가 신학교를 다니던 시절, 조직신학을 가르치던 교수님이 갑자기 영성신학을 가르치게 되었습니다. 저는 그 교수님의 강의를 들으면서 실망감이 밀려 왔습니다. 왜냐하면 조직신학을 공부하는 방식으로 영성신학을 공부했기 때문입니다. 단지 영성신학이라는 내용만 바꾸었기 때문입니다. 그 교수님은 기도하는 흉내만 내고 기도에 대해 연구만 하고 글만 쓰고 있었습니다. 오늘날에도 그렇게 하나님을 믿는 사람이 있습니다.

기도에 대한 책을 읽는 것으로 기도를 대신할 수 없습니다. 이 책은 "기도를 하도록 하기 위해" 쓴 책이지, "기도를 대신하려고" 쓴 책이 아닙니다. 기도에 대한 글에 밑줄을 치고 감동만 받고 기도하지 않는다면 이 책을 쓴 사람도, 읽은 사람도 무의미한 일을 한 것입니다. 기도에 대한 세미나에 참석한다고 해서 기도를 한 것이 아닙니다.

기도는 실제로 자신의 육체를 복종시키고 시간을 투자하고 몸과 목소리를 바쳐서 드리는 거룩한 노동입니다. 기도하기는 힘들어하고 책 읽기만 좋아하는 어떤 사람들은 시편을 읽는 것을 기도하는 것으로 착각하기도 합니다. 그런 식으로 기도 시간을 대체하기도 합니다. 물론 말씀과 기도를 분명하게 구분하는 것은 옳지 않습니다. 그러나 기도를 내가 편한 방식의 다른 것으로 바꾸어 놓고 자위하는 것은 결국 자신을 속이는 것이며 하나님께 마땅히 드려야 할 기도의 수고를 포기하는 것입니다.

무엇보다 사랑으로 기도하십시오. 두려움이나 의무감으로 하는 기도가 아니라 사랑으로 하는 기도가 진짜 기도입니다. 기도는 하나님께서 우리에게 주신 선물이며 축복입니다. 기도는 신비이며 연애입니다. 세상의 그 무엇보다 기도를 소망하고 사랑하십시오.

고린도전서 13장에 '기도'라는 단어를 넣어서 새롭게 읽어 보았습니다. 그러자 기도의 아름다운 태도가 보였습니다. 부족하나마 제가 고린도전서를 사랑의 기도로 조금 바꾸어서 읽어 보겠습니다.

내가 사람의 방언과 천사의 말을 할지라도 사랑으로 기도하지 않으면 소리 나는 구리와 울리는 꽹과리가 될 것입니다. 내가 예언적인 기도를 하고 모든 비밀과 지식을 말하며 산을 옮길 믿음의 기도를 한다고 해도 거기에 사랑이 없다면 아무것도 아닙니다. 내가 가진 모든 것으로 사람들을 구제하고 내 몸을 불살라서 내어 주겠다고 기도해도 사랑으로 기도하지 않는다면 실천할 수 없을 것입니다. 사랑의 기도는 끈기 있는 기도이며, 사랑의 기도는 온유한 마음의 기도이며, 사랑의 기도는 용서의 기도이며, 사랑의 기도는 겸손의 기도이며, 사랑의 기도는 남을 배려하는 기도이며, 사랑의 기도는 나의 유익보다 하나님과 이웃의 유익을 구하는 기도이며, 사랑의 기도는 인자한 기도이며, 사랑의 기도는 선한 것을 추구하는 기도이며, 사랑의 기도는 공의를 구하는 기도이며, 사랑의 기도는 진리의 말씀에 근거한 기도입니다. 사랑의 기도는 모든 것을 참게 하며 모든 것을 믿게 하며 모든 것을 견디게 합니다. 사랑의 기도는 영원합니다.

아울러 혼자만 기도하지 마시고 다른 사람들과 함께 기도하십시오. 가족과 함께, 동료와 함께, 그리고 성도들과 함께 기도하십시오. 다른 모임에는 잘 나가지 못하더라도 기도모임에는 꼭 나가십시오. 혼자 하는 기도도 귀하지만, 함께하는 기도는 강력합니다. 성경을 읽다가 기도에 대한 내용이 나오면 유심히 살펴보십시오. 특히 시편을 많이 읽고 암송하십시오. 기도에 대한 좋은 책을 함께 읽는 것도 좋습니다(이 책의 맨 뒤에 기도에 대한 추천도서가 실려 있으니 참고하십시오).

무엇보다 꼭 기도노트를 준비하여 적어 보십시오. 정말 하나님께서 많은 일을 하심을 알게 될 것입니다. 사람들을 만나게 되면, 무엇을 위해 기도해 줄지 물어보고 기도해 주십시오.

기도에는 반드시 방해가 있습니다. 기도에 방해가 있을 때, 낙망하지 마십시오. 방해가 있는 기도가 참된 기도입니다. 기도하며 낙망하지 마십시오. 기도는 감정도 아니고 기분도 아닙니다. 잠시 기도하고 일어나지 마시고 오랫동안 기도하려고 해보십시오. 기도는 통계가 아니라고 말하며 짧은 기도를 옹호하는 사람도 있지만, 실제로 사랑하는 사람을 만나면 짧게 말하기는 어렵습니다. 내가 관심 없는 사람이나 사건에 대해서만 짧게 말할 뿐입니다. 그러므로 기도가 잘 되지 않아도 기도 시간을 지켜서 오랫동안 무릎 꿇는 연습을 하십시오.

기도로 인해 무언가 위대한 일이 이루어지는 것만 바라보지 마시고, 기도하는 것이 바로 위대한 일이라는 것을 잊지 마십시오. 결국 기도는 기도에 대해 말하고 듣고 이야기하는 것으로서가 아니라 두 손을 모으고 무릎 꿇고 그분 앞에 엎드림으로써 시작된다는 것을 잊지 마십시오.

기도를 시작할 때 잡념이 많다는 것은 그만큼 기도와 상관없는 삶을 살고 있다는 증거입니다. 그러므로 기도 훈련을 처음 시작할 때는 배에 힘을 주고 크게 기도하시고, 혼자 기도하기보다 기도모임에 참석하여 함께 기도하십시오. 기도하는 흉내만 내지 말고 깊은 기도에 들어가도록 육체를 쳐서 복종시키고 함께 기도할 사람들을 모으십시오.

기도가 우리 인생의 문제 몇 가지를 해결하는 도구로 전락하게 두지 마시고, 밥을 먹고 운동을 하고 숨을 쉬듯 '삶의 방식'이 되게 하십시오. 아침에 조금 일찍 일어나 하나님께 하루를 맡기는 기도를 하시고, 누군가를 만나러 가는 길에는 스마트폰을 만지작거리지 말고 그 만남을 위해 기도하십시오. 누군가와 통화를 할 때는 마음속으로 그 대화를 위해 기도하십시오. 음식을 먹기 전에만 기도하지 마시고 다 먹은 후에는 감사 기도를 하십시오.

잘된 것만 감사하지 마시고, 안된 것으로 인해 더욱 주님께

감사하며 기도하십시오. 이해가 되고 감동이 되는 것만 기도하지 마시고, 이해가 되지 않고 감동이 없는 일에 더욱 기도하십시오. 부모는 자녀를 위해 기도하시고, 자녀는 부모를 위해 기도하십시오. 교회는 영적으로 끊임없이 공격받는 목사님과 지도자들을 위해 기도하시고, 목사님들은 사무엘이 말한 것처럼 '기도하기를 쉬는 죄'를 범하지 않도록 하십시오.

우리 인생에 문제가 생기고 공백이 생길 때는 여지없이 하나님께서 기도의 시간을 주시는 것임을 기억하기 바랍니다. 문제만 해결해 달라고 기도하지 마시고, 우리의 존재를 변화시켜 달라고 기도하십시오. 기도하는 시간이 늘고 기도의 능력이 커지게 해달라고 기도하십시오.

의무의 기도가 아니라 사랑의 기도를 하며, 이벤트의 기도가 아니라 삶의 기도를 하십시오. 특히 성령님을 의지하십시오. 그분은 기도하는 사람에게 참으로 가까이하고 역사하십니다. 하루를 마감할 때 기도하시고, 마지막 숨을 거둘 때 기도할 수 있기를 바랍니다. 기도하십시오. 꼭 기도하십시오. 기도가 없는 인생은 삶의 일부가 없는 것이 아니라 전부가 없는 것입니다.

기도 이야기를 마치며

**

저는 초등학교 5학년때, 부모님과 함께 참석한 부흥회에서 처음으로 하나님을 뜨겁게 만났습니다. 몇몇 독자들에게는 부정적으로 보일지 모르겠지만, 그때 방언의 은사도 받았습니다. 전에는 10분 정도도 못하던 기도의 깊이와 분량이 크게 늘어서 그때부터 한자리에서 2시간도 기도하게 되었습니다. 그리고 교회를 개척하고 나서는 하루에 5시간도 기도하게 되었습니다.

지나간 죄가 생각나서 회개도 하고 그동안 용서하지 못했던 것들에 대해서도 기도하게 되었습니다. 주님께서 벌레 같은 저를 위해 죽어 주신 은혜가 너무 감사해서 눈물 콧물이 쏟아져 나왔고, 다시금 제가 그분께 소중한 존재임을 깨닫고 감사의 눈물이 폭포처럼 흘러나왔습니다. 그리고 무엇보다 제게 "기도라는 은혜"가 주어진 것이 감사했습니다.

기도는 참으로 놀라운 선물입니다. 기도는 우리 자신이 얼마나 철저하게 부족한 존재인가를 고백하게 되는 낮아짐의 통로인 동시에 우리 자신이 얼마나 존귀한 존재인가를 깨닫게 되는 높아짐의 통로이기도 합니다. 오직 믿음의 사람에게만 주어진 하늘의 특권이면서도 하나님의 백성이 쉼 없이 수고해야 할 의무이기도 합니다. 그래서 기도는 신비입니다.

하지만 "기도만 하지 마십시오." 지금까지 기도하라고 해놓고 기도만 하지 말라니! 이게 무슨 말인지 의구심이 들 것입니다. 제 말은 참된 기도는 반드시 삶으로 이어져야 한다는 뜻입니다. 기도하면서 감동받은 것이 있다면 꼭 삶으로 옮기십시오. 어떤 사람은 기도만 하고 삶은 전혀 다르게 삽니다. 그런 기도는 가식적인 기도요 형식적인 기도일 뿐입니다.

용서할 사람이 있다면 용서하시고, 갚아야 할 것이 있다면 갚으십시오. 기도 중에 생각나는 사람이 있다면 그 사람을 섬기시고, 기도 중에 고백하고 결단한 일이 있다면 그대로 실천하십시오. 기도한 대로 살 수 있도록 기도하고, 그 기도가 실제가 되도록 성령님께 순종하십시오.

기도가 삶이 되고, 삶이 기도가 되게 하십시오. 자신이 살아가는 것이 기도가 되고, 자신이 기도한 것이 삶이 되게 하십시오. 스스로 깊이 있게 기도하고, 약한 자들과 함께 기도하며, 어린 자들에게 기도를 가르쳐 주십시오. 기도의 영웅이 되고, 기도의 용사가 되십시오. 아무것도 할 수 없을 때가 와도 기도할 수 있다는 것을 보여 주십시오.

저녁 늦은 시간, 이 책의 마지막 페이지를 열 번째 퇴고하고 있습니다. 오늘도 많은 사람들을 만났으며 목이 아프도록 설교하고 상담했습니다. 그 속에서 수없이 저는 기도하며 주님께 저의 말 한마디와 글 한 줄을 기도라는 통로에 담아 보냈습니다. 기도를 통해 저의 생명과 사역과 인생을 맡기고 있습니다. 그리고 지금 이 글도 그렇습니다.

방금 사랑하는 우리 세 아이들을 위해 기도하고 왔습니다. 저는 날마다 홈스쿨링을 하는 우리 아이들이 예수님의 성품과 예수님의 능력을 가진 사람이 되도록, 주님이 주신 사명을 이루도록, 그리고 하나님께서 이들에게 꼭 필요한 사람들과 사건과 고난과 책을 주시도록 기도합니다. 제가 기도를 마치고 나면 사랑하는 우리 다소, 건이, 다연이가 하루를 마감하면서 늘 '세 가지 감사'를 합니다. 제 아내의 기도와 섬김이 참으로 귀합니다. 그들의 기도 소리를 들으니 행복합니다.

세 아이들 중 누군가 기도합니다. "하나님, 아버지가 쓰신 기도 책으로 많은 사람들이 기도할 수 있도록 해주세요." 그렇습니다. 이 책을 읽는 당신이 기도할 수 있기를, 기도의 사람이 되기를, 위대한 기도의 역사가 되기를 간절히 기도합니다.

이 책에서 당신의 마음에 들지 않거나 동의할 수 없는 내용이 있다면 모두 저의 부족함으로 인한 것입니다. '하나님의 기도'라는 거대한 이야기의 지극히 작은 부분만 보고 적었기 때문입니다. 당신이 이 책을 뛰어넘어 더 높고 깊은 기도의 사람이 되기를 간절히 소망합니다. 이제 우리 함께 기도합시다!

나의 기도

나를 무너뜨리고
주를 세우소서

나를 갈아엎으시고
주를 심으소서

나를 포기하고
주를 선택하게 하소서

나를 잊어버리고
주를 늘 기억하게 하소서

나를 죽이시고
주가 살아나소서

그래서

끝없는 문제의 해결만이 아니라
존재의 변화가 일어나게 하소서.

더 깊은 기도를 위한 추천도서

**

기도에 대한 책이 정말로 많습니다. 어떤 사람은 너무 사변적인 내용만 쓰기도 하고, 어떤 사람은 성경과 관련 없이 지나치게 자신의 경험 위주로 쓰기도 합니다. 몇몇 저자는 전혀 기도하지 않으면서 기도에 대한 이야기만 늘어놓기도 합니다. 이제 출판사의 요청에 따라 기도에 대한 책을 몇 권 추천합니다. 하지만 기도가 성장하는 가장 좋은 길은 '직접 기도하는 것'이라는 사실을 잊지 마시길 바랍니다.

기도에 대한 가장 좋은 교본은 시편입니다. 시편을 천천히 읽고 묵상하고 그 시편으로 기도해 보시길 바랍니다. 최근에 나온 매우 기본적인 책인 지용훈 목사의 『말씀으로 기도하라』를 참고하시면 좋습니다. 다음 목록은 제가 읽은 것 중에서 가장 괜찮았던 기도 관련 도서들입니다. 철저히 개인적인 생각이니, 참고만 하시길 바랍니다.

1. 리처드 포스터 『리처드 포스터의 기도』

기도의 가장 기본적인 내용을 담고 있습니다.

2. 제임스 L. 니코뎀 『기도를 가르쳐 드립니다』

기도를 시작하는 분들에게 어떻게 기도해야 할지를 아주 쉽고 실제적

으로 설명하고 있습니다.

3. E. M. 바운즈, 앤드류 머레이의 기도에 관한 도서들

기도의 거장들이 쓴 저작으로 천천히 읽어야 할 책들입니다. 한 번에 다

읽으려고 하지 마시고 한 달에 한 권 정도씩 그리고 하루에 한 챕터씩

천천히 읽어 보시길 제안합니다.

4. 프랭크 로바크 『세상에서 가장 강력한 힘, 기도』

간결하지만 기도하는 삶에 대한 아주 좋은 책입니다. 아울러 같은 저자

가 쓴 『하나님의 임재 체험하기』도 추천합니다.

5. 브라이언 채플 『예수님의 이름으로 기도를 시작하라』

예수님의 이름에 합당한 기도가 무엇인지 잘 알려 주며, 주기도문에 대

한 설명이 좋습니다.

6. 팀 켈러『팀 켈러의 기도』

저자의 개인적인 고백과 시편의 기도 등이 아주 쉬운 필체로 그려져 있습니다.

7. 오스카 쿨만『기도』

조금 학문적이지만 성경에 나온 기도들에 대해 아주 잘 정리해 놓았습니다. 이와 같은 계열로 톰 라이트가 쓴『신약의 모든 기도』도 함께 읽어 보십시오.

8. 달라스 윌라드『하나님의 음성』

기도가 깊어지면 꼭 읽어 봐야 할 대화적인 기도와 하나님께서 우리에게 말씀하고 인도하시는 부분에 대해 잘 정리해 놓은 책입니다.

9. 발라모의 카리톤『기도의 기술』

좀 더 깊이 있는 기도나 예수님의 기도와 삶의 기도에 도움이 되는 상급 도서입니다. 물론 저자가 개신교 전통에만 있는 것이 아니므로 내용을 걸러서 읽으시길 바랍니다.

10. 김동수『방언, 성령의 은사』

방언 기도에 대해서는 참으로 하고 싶은 말이 많지만, 저보다 더 탁월한 저자의 책을 소개하는 것이 더 좋을 것입니다. 은사중지적인 입장이나 방언을 귀신의 소리로 생각하시는 분들도 종종 있지만, 방언은 지금도 이루어지고 있는 하나님의 선물이며 자신을 과시하는 도구가 아니라 깊은 기도와 능력 있는 기도를 하는 데 참으로 소중하고 귀한 은사입니다. 국내 저자 중에서 김동수 교수의 저작이 가장 좋습니다. 아울러 최근에 출간된 김동찬 박사의 『방언 바로 알기』도 함께 읽어 보시길 바랍니다. 교회사적인 측면에서 정리가 잘 되어 있습니다.

**

꼭 기도노트를 사용하십시오. 기도노트는 기도제목만 쓰는 것이 아니라 기도하면서 깨달은 것이나 기도에 대한 은혜를 자신의 목소리로 담는 귀한 열매라 할 수 있습니다. 아이들을 위한 기도를 노트에 적어 놓았다가, 자녀들이 장성한 다음에 주셔도 좋습니다. 기도하는 습관과 기도를 기록하는 역사가 어느 정도 시간이 지나면, 기도에 대한 가장 귀한 책이 될 것입니다.